Diktat-Stars: Mit viel Spaß für Diktate trainieren

Liebe Schülerin, lieber Schüler,

mit diesem Diktattraining kannst du dich selbstständig im Schreiben von Diktaten üben und deine Kenntnisse im Rechtschreiben überprüfen:

- im Unterricht, wenn du mit deinen Aufgaben fertig bist.
- zu Hause, wenn du noch mehr trainieren willst.

Auf die Diktate kannst du dich immer ein Kapitel lang vorbereiten, sodass du am Ende eines Kapitels siehst, was schon gut klappt!

Und so wird geübt:

- Bearbeite eine Doppelseite.
- Vergleiche deine Arbeit nach jeder Doppelseite mit dem Lösungsheft und verbessere Fehler. Wenn du fertig bist, mache ein Häkchen in das Kontrollkästchen unten.
- Nach jeder Doppelseite darfst du außerdem einen Stern hinten in das Heft kleben.
- An jedem Ende eines Kapitels findest du ein Abschluss-Diktat. Dort sind verschiedene Symbole abgebildet. Sie bezeichnen die Möglichkeiten, wie du das Diktat üben kannst. Auf Seite 2 sind die Diktatformen erklärt.
- Auf manchen Seiten stehen Sternchen-Aufgaben, bei denen du dich besonders konzentrieren musst. Hast du sie fertig bearbeitet, darfst du nach dem Schreiben einen zusätzlichen Stern kleben.
- Wenn du alle Seiten bearbeitet und mit den Sternen das Bild geschmückt hast, bist du ein **Diktat-Star**!
- Noch ein Tipp: Im Heft findest du noch viele weitere Texte. Du kannst auch diese Texte als Diktat üben. Die Einstiegstexte in die Kapitel sind dabei besonders schwer und für echte Diktat-Profis gedacht!

Zum Schluss möchte sich noch der Pelikan Pepe vorstellen. Er begleitet dich in diesem Heft und gibt dir viele wichtige Hinweise.

Viel Spaß beim Üben!

Hallo, gemeinsam bekommen wir die Diktate schon geschaukelt!

Mögliche Diktatformen

Im Heft findest du verschiedene Diktatformen:

 Text abschreiben: Lies den Text sehr langsam und genau. Schiebe dabei ein Blatt Papier Zeile für Zeile nach unten. Male schwierige Stellen an. Schreibe Wort für Wort. Sprich dabei in Silben mit. Vergleiche jedes Wort genau mit dem Wort im Text. Fehler findest du gut, wenn du den Text Wort für Wort von hinten nach vorne liest. Berichtige Fehler sofort.

 **Groß-Klein-Diktat:** Lasse dir den Text in Groß- oder Kleinbuchstaben aufschreiben oder schreibe ihn selbst in Groß- oder Kleinbuchstaben. Schreibe von dieser Vorlage richtig mit großen und kleinen Buchstaben ab.

 **Silbendiktat:** Schreibe den Text ab. Sprich dabei in Silben mit. Kennzeichne anschließend alle Silben.
In Silben kannst du Fehler leicht erkennen.

 Würfeldiktat: Würfle mit einem Würfel und schreibe den Satz mit der entsprechenden Nummer in dein Heft. Würfle so lange, bis du alle Sätze aufgeschrieben hast.
Du musst jeden Satz nur ein Mal aufschreiben.

 Diktieren: Lasse dir das Diktat von jemandem vorlesen, erst den gesamten Text, dann die einzelnen Sätze. Lies am Schluss laut, was du selbst geschrieben hast. Vielleicht findest du noch Fehler? Überprüft dann den Text gemeinsam.

 **Partnerdiktat:** Diktiere einem Partner langsam und deutlich den Text. Schaue genau, was dein Partner schreibt. Wenn dein Partner einen Fehler macht, rufe „Stopp!". Findet dein Partner den Fehler? Wenn nicht, erkläre, was falsch war. Diktiere das Wort erneut. Überprüft den Text zusammen und tauscht dann die Rollen.

 **Schleichdiktat:** Lege das Heft an einen Ort. Merke dir immer einen Abschnitt oder ein Wort und schleiche zurück zu deinem Platz. Schreibe und kontrolliere am Schluss mit der Vorlage.

Inhaltsverzeichnis

Geheimnis unter der Erde
Je tiefer man in den harten Erdboden bohrt,
desto stärker steigt die Temperatur an.
Wir nutzen diese Wärme: Eine bestimmte
Flüssigkeit wird durch Schläuche unter
die Erde gepumpt. Dort wird sie warm und strömt
wieder in die Höhe. Oben gibt die Flüssigkeit Wärme
für unsere Heizungen ab. Hoffentlich wird diese
umweltfreundliche Technik in Zukunft oft genutzt.

(60 Wörter)

① Unterstreiche im Text alle Wörter mit mindestens
   drei Sprechsilben (10).

② Schreibe die unterstrichenen Wörter je ein Mal ab.
   Sprich die Silben dabei laut mit.

_____

_____

_____

③ Pepe hat Wörter vom Baum abgeschrieben.
   Überprüfe seine Rechtschreibung und korrigiere.
   Schreibe alle Wörter richtig auf und
   zeichne die Silbenbögen.

Habe ich
etwa Fehler
gemacht?

das Geheimis   Geheimnis ‿‿‿

der Berruf   _____

die Techik   _____

die Heizug   _____

die Zkunft   _____

der Beruf

das Geheim

hart

die Heizur

die Höhe

stark

strömen

die Technik

unter

die Zukunf

1 Der Buchstabe r wird beim Sprechen oft verschluckt.
Wo hat sich das r in den Wörtern unten versteckt?
Sprich deutlich. Ordne die Wörter in die Tabelle.

stark, die Erwartung, unter, hart, der Hunger, unser,
die Erde, der Schalter, arbeiten, über, stürmisch

r am Wortende:

unter, _____

_____

_____

r im Wort:

stark, _____

_____

_____

2 Entscheide: s oder sch.
Ordne die Wörter in den richtigen Planeten.

s trömen, ⭐weigen, der ⭐port, bären⭐tark,
die Ta⭐e, der ⭐tern, ⭐arf, ⭐pielen, das Bei⭐piel

Weißt
du noch?
Du hörst
„schp" und
„scht" und
schreibst
sp und st.

St/st

strömen

Sch/sch

Sp/sp

1 Unterstreiche im Wörterbaum alle Nomen (Namenwörter). Schreibe sie in die Tabelle und ergänze.

> Nomen können wir erkennen, wenn wir den Artikel (Begleiter) und die Mehrzahl nennen.

entfernen

entgegen

der Fernseher

Einzahl	Mehrzahl

2 Schreibe den Text in dein Heft ab. Achte auf die Groß- und Kleinschreibung.

natürlich

der Pilz

der Schalter

scharf

der Sturm

über

die Zeichnung

IM FERNSEHER LÄUFT EIN FILM ÜBER DIE WÜSTE. DORT GIBT ES SELTSAME STEINE. MANCHE SEHEN AUS WIE PILZE. WIE ENTSTEHEN SOLCHE FORMEN? GANZ NATÜRLICH! IN TROCKENEN GEGENDEN FLIEGEN BEI WIND ODER STURM SAND-KÖRNER GEGEN DIE STEINE. DABEI WERDEN NACH UND NACH WEICHE TEILE DER STEINE ENTFERNT, HARTE TEILE BLEIBEN STEHEN. WELCHE FORMEN KANNST DU IN DER ZEICHNUNG ERKENNEN?

(58 Wörter)

1 Viele Wörter schreibst du so, wie du sie sprichst.
Einige Wörter aber haben Aufpassstellen.
Male die Aufpassstellen in der zweiten Spalte gelb an.
Decke dann das Wort ab und schreibe es auswendig auf.

Wir sprechen:	Wir schreiben:	Ich übe:	Alles richtig? ✔ oder korrigiere.
aufreumen	aufräumen	aufräumen	✔
Wekker	Wecker		☐
befor	bevor		☐
braf	brav		☐
blint	blind		☐
Laup	Laub		☐
frietlich	friedlich		☐
Wuam	Wurm		☐
bocksen	boxen		☐
Kristbaum	Christbaum		☐
fertich	fertig		☐
hungrich	hungrig		☐

Male nach dem Abschreiben unter deine Wörter Silbenbögen, so findest du Fehler besser.

1 Setze diese Satzschlusszeichen richtig ein: **?** **!** **.**

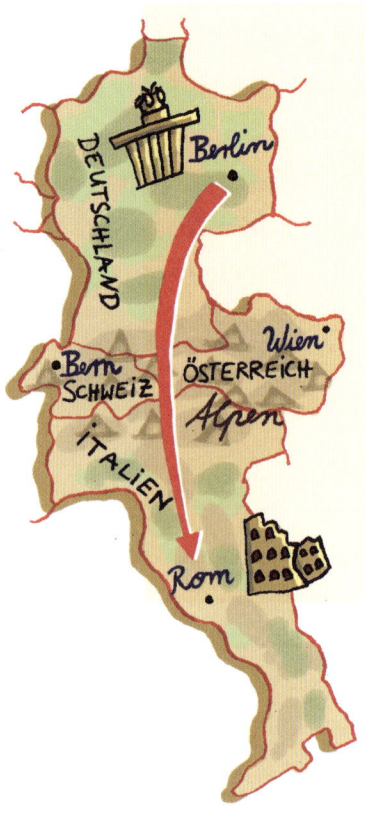

ärgerlich ⬜ Tom und ich sitzen beim Arzt ⬜ wir warten schon ewig ⬜ wir wollen beide die Europakarte anschauen und streiten ⬜ am Ende gebe ich nach und schweige ⬜ nach einer Weile greift Tom meinen Finger und wir reisen im Nu durch ganz Europa ⬜ von Berlin aus steuern wir auf Rom zu ⬜ aufgepasst ⬜ welches große Gebirge überqueren wir dabei ⬜

(56 Wörter)

Wir überqueren die _____ .

anders

ärgern

der Arzt

die Erlaub

das Europ

schweigen

steuern

streiten

überquere

 **2** Eine wichtige Rechtschreibregel wurde im Text nicht beachtet. Markiere die Fehlerstellen und schreibe den Text richtig in deinem Heft auf.

Merke dir bloß: Satzanfänge schreibst du groß!

3 Welche Wörter vom Baum findest du nicht im Text? Schreibe sie auf.

_____

_____

4 Verbinde richtig und schreibe die Sätze in dein Heft.

Wie entstehen	weit in den Boden hinein.
An einigen Orten der Erde sickert das Regenwasser	heiße Quellen?
Tief unter der Erde	dort unten auf.
Das Regenwasser heizt sich	ist es nicht kalt, sondern heiß.
Wenn das Wasser wieder an die Erdoberfläche kommt,	auch in Deutschland.
Heiße Quellen gibt es	ist es immer noch heiß.

(54 Wörter)

5 Diktattext. Wie willst du heute üben?
Umkreise:  , 𝒜𝒶, ⌣⌣, 👄, 👫, 🪶 .
Die Diktatformen sind auf Seite 2 erklärt.

Im Fernsehen läuft ein Film über heiße Quellen in Europa.
In manchen Gegenden läuft das Regenwasser tief in die
Erde. Unter der Erde ist es sehr warm.
Das Wasser heizt sich dort stark auf
und strömt dann nach oben.
So kommt es zu heißen Quellen.
Das ist das ganze Geheimnis.

(50 Wörter)

Ninas Feier

Kurz vor den Weihnachtsferien feiert Nina ihren
Geburtstag. In der letzten Unterrichtsstunde darf
sie mit dem Feuerzeug ihre Geburtstagskerze
anzünden. Die Kerze leuchtet schön zwischen den
Fichtenzweigen. Zu Hause liegt ein Postpaket.
Opa hat eine Handtasche geschickt, die mit bunten
Kreuzen bedruckt ist. Nina hat sie in einem Geschäft
gesehen und sich gewünscht.

(55 Wörter)

① Unterstreiche im Text die
zusammengesetzten Nomen
(Namenwörter) (8).

Achtung:
Fugen-s!

das Feuer

die Fichte

Geburt ⚡s⚡tag

die Geburt

② Setze zusammen.
Markiere das Fugen-s.

der Geburtstag

| Weihnacht | Ferien | Weihnach**t**sferien |

Holz   Kreuz

Geburt   Tag   Torte

Spiel   Waren   Geschäft

Beruf   Wunsch

Zukunft   Traum

Unterricht   Beginn

Unterricht   Ende

das
Geschäft

das Kreuz

leuchten

das Paket

der
Unterricht

3 Finde passende Paare und schreibe sie auf.
Achtung: Zwei gleiche Buchstaben sollen zusammentreffen.

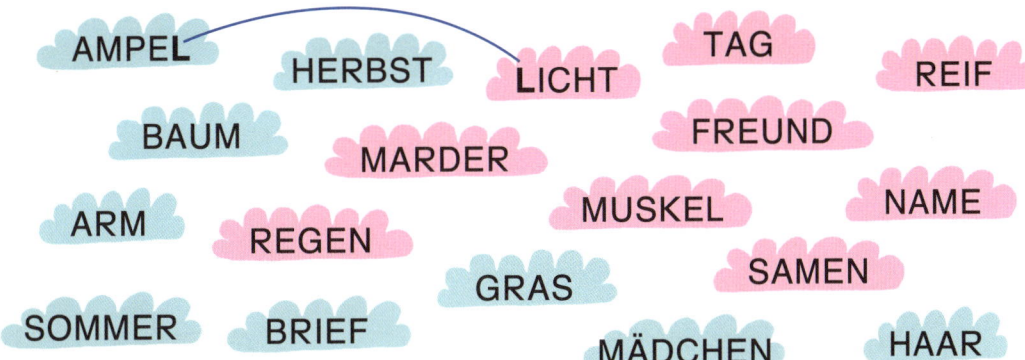

AMPEL   HERBST   LICHT   TAG   REIF

BAUM   MARDER   FREUND

ARM   REGEN   MUSKEL   NAME

GRAS   SAMEN

SOMMER   BRIEF   MÄDCHEN   HAAR

4 Setze die Wörter zusammen. Markiere Aufpassstellen gelb.

Manchmal treffen gleiche Konsonanten (Mitlaute) aufeinander und kommen dann zweimal vor!

Wasser   _____

_____

Bilder   _____

_____

Laub   _____

_____

Spinnen   _____

_____

5 Vorsicht, Fehler!
Schreibe richtig und markiere
die Aufpassstelle.

Geldose, Ohring,
Topflanze, Storchenest

_____

_____

1 Lies die Wörter im Baum. Kreuze an, was stimmt.

Die Wörter im Baum …

☐ haben einen Artikel (Begleiter).

☐ bezeichnen alle etwas, was ich anfassen oder malen kann.

☐ schreibe ich groß.

☐ kann ich alle in die Mehrzahl setzen.

> Etwas, das wir benennen, aber nicht anfassen können, nennen wir „abstrakte Nomen (Namenwörter)". Wir schreiben sie groß.

die Angst

der Durst

das Er'leb'nis

2 Setze im Text abstrakte Nomen aus dem Wörterbaum ein. Schreibe mit den Sätzen ein Würfeldiktat. Das Würfeldiktat ist auf Seite 2 erklärt.

☐ Das Spiel hat mir richtig _____ gemacht.

☐ Hast du vor Spinnen _____?

die Ge'fahr

☐ Die letzte Busfahrt war ein _____.

die Hit'ze

☐ Nach der Sportstunde habe ich immer

der Hun'ger

_____ und _____.

die Kraft

☐ Am Abend brauche ich etwas _____.

die Qual

☐ Diese schrägen Töne sind eine _____ für meine Ohren!

die Ru'he

der Schutz

3 Welche Wörter vom Wörterbaum hast du in Aufgabe 2 nicht benutzt? Schreibe sie auf.

der Spaß

_____

_____

_____

1 Bilde Wörter mit dem Wortbaustein -ung und markiere den Wortstamm gelb.

Verb	Wort mit -ung	Verb	Wort mit -ung
kreuzen	Kreuzung	erwarten	
entfernen		regeln	
zeichnen		rechnen	
heizen		ändern	

2 Kreuze an, was stimmt.

☐ Verben (Tunwörter) in der Grundform enden meist mit -en, manchmal auch mit -ern oder -eln.

☐ Mit dem Wortbaustein -ung wird immer aus einem Adjektiv (Wiewort) ein Nomen.

☐ Das Nomen hat den gleichen Wortstamm wie das passende Verb.

3 Diktattext. Wie willst du heute üben?
Umkreise: ✏️, Aa, 〰️, 👄, 👫, 🖌️.
Die Diktatformen sind auf Seite 2 erklärt.

Papa trägt voller Erwartung sein Geburtstagsgeschenk
nach Hause. Ach, das Paket ist so schwer!
Papa will es nicht mehr tragen.
In dem Postpaket sind Gewichte für den Kraftsport.
Zu Hause macht Papa Übungen für die Armmuskeln.
Auf einmal hat er an den Bewegungen viel Spaß.
Gerade war es doch noch eine Qual?
Nach dem Sport hat Papa Hunger und Durst.   (60 Wörter)

kontrolliert: ☐   13

Ein Text für den Bastelfreund

Male auf eine Korkscheibe eine Windrose. Magnetisiere eine Nadel und klebe sie auf die Korkscheibe. Fertig ist dein Werk! Lege nun die Korkscheibe ins Wasser. Wegen der Magnetkraft der Erde zeigt ein Nadelende nach Norden. Das andere zeigt dorthin, wo mittags die Sonne steht. Ein Kompass ist ein gutes Werkzeug, um sich im Wald, am Strand, auf dem Wasser und an Land zu orientieren.

(69 Wörter)

der Kork

die Kraft

das Land

der Magnet

der Mittag

der Strand

der Text

der Wald

das Werk

das Werkzeug

Ich verlängere das Wort und höre genau.

1 d oder t, g oder k?
Setze richtig ein.
Die Wortverlängerung hilft dir.

	Mehrzahl	also:
das Lan...	Länder	Land
der Stran...		
der Tex...		
der Wal...		
der Magne...		
das Werkzeu...		
der Ber...		
der Mitta...		
der Zwer...		

2 b oder p? Verlängere die Adjektive (Wiewörter) wie im Beispiel und markiere.

Der Mann ist tau⭐. <u>Der ta**u**be Mann</u>

Der Vogel ist gel⭐. _____

Die Suppe ist trü⭐. _____

Das Nashorn ist plum⭐. _____

3 Setze ein: b/p, g/k, d/t. Vergleiche mit der Lösung und schreibe die Sätze als Würfeldiktat.
Das Würfeldiktat ist auf Seite 2 erklärt.

Das Werkzeu___ ist zu gro___!

Welcher Die___ hat mein Gel___ geklaut?

Das letzte Dikta___ war ein großer Erfol___!

Auf dem Ber___ sitzt ein Zwer___ mit einem großen Kor___.

Der We___ ist so wei___! Hat denn keiner Mitlei___ mit mir?

Der Hun___ des Bauern ist zwar plum___, aber lie___.

4 Diktattext. Wie willst du heute üben?
Umkreise: ✏️, A̲a̲, 〰️, 👄, 👫, 🧑.
Die Diktatformen sind auf Seite 2 erklärt.

Am Mittag erreichte der Kapitän die Insel.
An Land wanderte er auf einem Bergweg.
Der Himmel war trüb. Bald regnete es. Wie sollte er sich
einen Regenschutz basteln? Er hatte doch kein Werkzeug!
Er ging in einen kleinen Wald und rüttelte mit Kraft an
einem Baum. Ein Zweig fiel herunter. Mit dem Zweig als
Regenschirm wanderte der Kapitän zurück zum Strand.

(61 Wörter)

Ein aufregender Urlaubstag

Tim lag ganz bequem am Sandstrand auf seinem
Handtuch und las. Zur Mittagszeit zogen plötzlich
dichte Rauchschwaden vorbei. Tim hustete laut.
Über Lautsprecher erfuhren die Urlaubsgäste,
was los war. Im nahen Laubwald war Feuer
ausgebrochen. Aufgeregt beobachtete Tim ein
Flugzeug mit einem großen Behälter. Er war bis zum
Rand mit Meerwasser gefüllt. Das Wasser wurde
über dem Brandherd entleert. Bis zum Abendessen
war der Waldbrand gelöscht. Tim, das Handtuch
und sogar die Badehose rochen noch lange nach
Rauch.

(81 Wörter)

1 Untersteiche im Text die Wörter aus dem
Wörterbaum. Schreibe den Text ab.

2 g oder k? b oder p? Verbinde und schreibe richtig.

das Flu★zeug	schlagen	_Flugzeug_
der Ban★überfall	teigig	_____
das Schla★zeug	Flüge	_____
die Tei★tasche	Banken	_____
die Urlau★sreise	die Leiber	_____
der Lau★wald	die Laube	_____
das Lei★gericht	treiben	_____
das Hu★konzert	der Urlauber	_____
der Trei★sand	hupen	_____

das Abend'es'se
das Flug'ze
das Hand'tuch
der Laub'wald
der Laut'spre'cher
die Mit'tags'zeit
der Sand'strand
das Strand'bad
der Ur'laubs'gast
der Ur'laubs'tag
der Wald'bran

3 d oder t? Ergänze die Wortenden richtig. Setze dann die zwei verbundenen Wörter passend zusammen.

Han___	Wächter	Handtuch
Stran___	Ba___	_____
Nach___	Tuch	_____
Aben___	Essen	_____
Her___	Messer	_____
Bro___	Platte	_____
Bran___	Kuchen	_____
San___	Eis	_____
Fruch___	Geruch	_____
Wan___	Sala___	_____
Krau___	Uhr	_____

4 Diktattext. Wie willst du heute üben?
Umkreise: ✏, 𝒜𝑎, ‿‿, 👄, 👥, 📕.
Die Diktatformen sind auf Seite 2 erklärt.

Es ist so ein schöner Urlaubstag im Strandbad!
Doch jetzt haben wir alle Hunger und gehen durch den
Laubwald nach Hause. Vater macht einen Krautsalat.
Ich hole aus dem Wandschrank die Teller. Mama bringt
die Teigtaschen. Teigtaschen sind mein Leibgericht!
Da strömt aus der Küche Brandgeruch. Oh weh, der
Sandkuchen qualmt im Ofen! Das macht nichts. Jetzt gibt
es eben Fruchteis zum Nachtisch.   (63 Wörter)

Leons Wanderung

Fleißig packt Leon seinen Rucksack und marschiert glücklich los. Im Wald ist es ruhig und friedlich. Bald ist er hungrig und durstig und Leon macht eine Pause. Da sieht er einen eckigen Felsen. Vorsichtig klettert Leon hoch. Trotzdem rutscht er aus und fällt in eine Pfütze. Jetzt ist die Hose natürlich schrecklich schmutzig. Ängstlich denkt er: „Was wird Mama sagen?" Mama schimpft nicht. Sie bleibt ganz ruhig. Sie meint nur: „Das war aber ganz schön gefährlich!"

(78 Wörter)

1 Welche Wörter aus dem Wörterbaum findest du im Text? Kreise sie rot ein.

2 Schreibe den Text ab.
Tipps zum Abschreiben findest du auf Seite 2.

3 Verwandle Nomen (Namenwörter) in Adjektive (Wiewörter). Verbinde und schreibe.

Schmutz
Ruhe Fleiß
Hunger

- ig

- lich

Schreck
Angst Glück
Gefahr

ängstlich
beruflich
durstig
eckig
fleißig
friedlich
gefährlich
glücklich
hungrig
natürlich
ruhig
schmutzig

schrecklich
vorsichtig

4 Wandle die Nomen in Adjektive um.

Kraft – _____   Rost – _____

Fleiß – _____   Durst – _____

Ärger – _____   Freund – _____

Beruf – _____   Natur – _____

5 Jetzt umgekehrt.
Schreibe zu den Adjektiven die richtigen Nomen.

eckig – _____   hungrig – _____

ruhig – _____   vorsichtig – _____

friedlich – _____   ängstlich – _____

sonnig – _____   wolkig – _____

geduldig – _____   sportlich – _____

6 Diktattext. Wie willst du heute üben?
Umkreise: ✏️, 𝒜𝒶, 〰️, 👄, 👫, 🖌️ .
Die Diktatformen sind auf Seite 2 erklärt.

Mutig, aber vorsichtig klettert Leon auf eckige Felsen.
Das ist natürlich gefährlich, aber es macht ihn glücklich.
„Vielleicht sollte ich später beruflich auf Felsen klettern",
denkt Leon. „Das wäre doch lustig! Dann würde ich auch
immer fleißig arbeiten gehen."
Leons Mama findet den Gedanken schrecklich. Sie ist
so ängstlich! Leon soll lieber ruhig und friedlich in einem
Büro arbeiten. Da wird er auch nicht schmutzig.

(65 Wörter)

Emil und Eren lesen

Emil rennt zu Eren hinüber. Emil setzt sich
hin und lässt sich von Eren den türkischen
Text im Buch übersetzen. Da steht:
Bitte keine Fäden abbeißen!
Bitte das Licht nicht am Abend einschalten!
Bitte die Betten immer nachts ausschütteln!
Knöpfe nur im Dunkeln annähen!
Eren macht nur Spaß. Er übersetzt noch einmal
richtig. Dann bauen Emil und Eren zusammen das
Fußballtor im Garten auf.

(68 Wörter)

① Im Text oben stehen viele zusammengesetzte Verben.
Suche sie und kreise sie hier im Buch gelb ein.

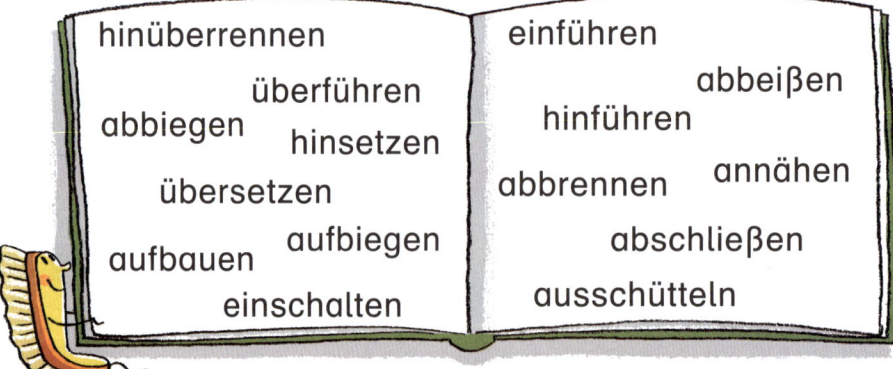

hinüberrennen

überführen

abbiegen

hinsetzen

übersetzen

aufbauen

aufbiegen

einschalten

einführen

abbeißen

hinführen

abbrennen

annähen

abschließen

ausschütteln

abbeißen

abbrennen

abschließen

annähen

aufbauen

aufbiegen

ausschüttel

einführen

einschalten

hinsetzen

hinüberrenn

übersetze

② Welche neuen Wörter entstehen? Schreibe die
Verben mit den angegebenen Wortbausteinen auf.

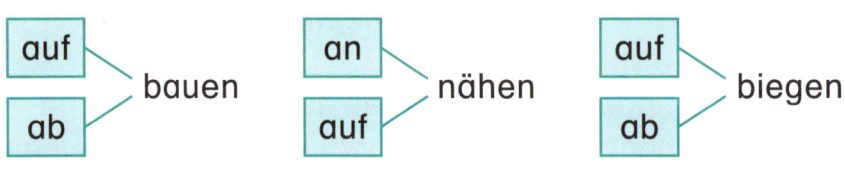

auf
ab
bauen

an
auf
nähen

auf
ab
biegen

3 Hier stimmt etwas nicht. Schreibe die Sätze noch einmal richtig ab. Benutze passende Wortbausteine.

Timo will den Computer wegschalten.

_____

Elena soll die Haustür einschließen.

_____

Katrin möchte zu ihrer Freundin wegrennen.

_____

_____

Leo und Tine wollen den schmutzigen Teppich hinschütteln.

_____

_____

4 Diktattext. Wie willst du heute üben?
Umkreise: .
Die Diktatformen sind auf Seite 2 erklärt.

In der Englischstunde will der Lehrer neue Wörter einführen. Er übersetzt sie englisch und deutsch. Niemand hört ihm zu. Tanja versucht die Klammer an ihrem Heft aufzubiegen. Luis will heimlich sein Handy anschalten. Moritz schüttelt sein Taschentuch aus. Tara beißt einen Faden von ihrer Jacke ab. Lotte rennt zu ihrer Freundin hinüber. „Setz dich hin! Seid alle ruhig!", ruft der Lehrer. Er wollte die Stunde mit einem Lied abschließen. Jetzt aber gibt er besonders viele Hausaufgaben auf. (77 Wörter)

Fußballfieber

Christoph spielt in einem Verein Fußball.
Wenn er verliert, ärgert er sich. Er vergisst
dann, dass ein guter Spieler auch ein guter
Verlierer ist. Auf der Wiese neben Christophs
Haus steht ein Schild: Fußball spielen verboten!
Christoph hat das Schild einmal verpackt. Dafür
hat er viel Papier verbraucht. Auf die Verpackung
hat er geschrieben: Vorsicht! Hier haben Fußballer
Vorfahrt! Leider war das Papier bald verschmutzt.
„Hoffentlich schlägt der Blitz ein und verbrennt das
Schild", denkt Christoph.

(77 Wörter)

1 Schreibe den Text ab. Ändere dabei den Namen
in Christine. Achte darauf, dass sich dadurch
auch andere Wörter verändern! Tipps zum
Abschreiben findest du auf Seite 2.

Wörter mit den Wortbausteinen
Ver-/ver- und Vor-/vor- musst
du dir gut merken!

2 Ver-/ver- oder Vor-/vor-?
Setze ein und spure das Wort zu Ende.

____brennen   ____bildlich

____brauchen   ____erst

____sicht   ____bieten   ____bot

____laut   ____lieben   ____eilig

verbieten

verbrauchen

verbrennen

der
Verein

vergessen

verlieren

die
Verpackung

verschmutzen

die Vorfahrt

3 Schreibe die Wörter mit den passenden Wortbausteinen
ver- oder vor-. Markiere die Nahtstelle. Was fällt dir auf?

rennen – vorrennen_____   reiten – _____

raten – _____   reiben – _____

rühren – _____   rosten – _____

reisen – _____   rechnen – _____

ragen – _____   rücken – _____

Mir fällt auf, dass _____

_____

_____

4 Diktattext. Wie willst du heute üben?
Umkreise: ✏️, Aa, ⌣⌣, 👄, 👫, 🧑.
Die Diktatformen sind auf Seite 2 erklärt.

> Ich finde mal wieder meinen Schlüssel nicht. Habe ich
> ihn im Verein vergessen? Ich laufe zurück.
> Der Hausmeister hat neue Fußbälle bestellt.
> Er holt sie gerade aus der Verpackung.
> „Ich habe meinen Schlüssel verloren", sage ich traurig.
> „Schon wieder? Dein Verbrauch an Schlüsseln ist
> enorm", antwortet der Hausmeister und lacht.
> „Für dich sollten Schlüssel verboten sein."
> Wir suchen zusammen.
> Der Schlüssel liegt neben dem Tor. Er ist ganz
> verschmutzt. Aber zum Glück ist er wieder da!

(76 Wörter)

Struppi hat Pech

Struppi wartet brav neben dem Klavier auf den Familienvater. Vor dem Hund liegt eine Blumenvase vollständig in Scherben. Es war die Vase mit dem rosa Vogel darauf. Vielleicht hätte Struppi besser aufpassen sollen, als er so schnell um die Kurve gerast ist. Was wird sein Herrchen nur sagen, wenn er die vielen Scherben sieht? Außerdem war die Vase bis zum Rand voll mit Wasser. So ein Pech! Bevor der Vater kommt, schleckt Struppi ein wenig von dem Wasser auf.

(82 Wörter)

> Ich spreche f und w und schreibe v!

1 Suche alle Wörter im Text, in denen du ein V/v findest. Kreise sie rot ein.

2 Setze im Text passende Wörter mit V/v ein.

| Vater (2 x), Vase (2 x), vollständig, Klavier, vielen, Vogel |

Man kann eine zerbrochene _____ nur sehr

schlecht wieder _____ richten.

Struppi hofft, dass _____ nicht schimpft.

_____ steht neben dem _____

und schaut auf die _____ Scherben.

Er ist nicht böse. Die _____ mit dem rosa

_____ konnte er sowieso nicht leiden.

bevor

brav

das Klavier

die Kurve

der November

die Vase

der Vater

viel

vielleicht

der Vogel

voll

vollständig

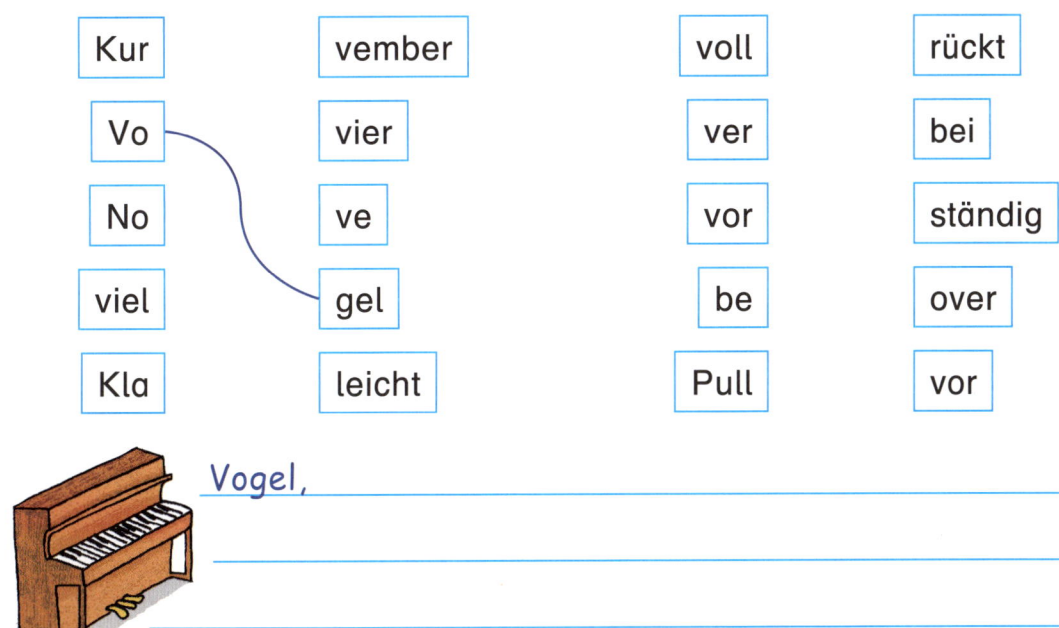

3 Verbinde die Silben und schreibe die Wörter auf.

Kur	vember	voll	rückt
Vo	vier	ver	bei
No	ve	vor	ständig
viel	gel	be	over
Kla	leicht	Pull	vor

Vogel,

4 Diktattext. Wie willst du heute üben?
Umkreise: ✏, 𝒜a, 〰, 👄, 👫, 🧑.
Die Diktatformen sind auf Seite 2 erklärt.

Mama verliert manchmal die Geduld mit mir:
Ich bade in der vollen Wanne und verbrauche
dabei viel Wasser.
Oft vergesse ich die Zähne zu putzen, bevor
ich ins Bett gehe.
Mit meinen Gummistiefeln verschmutze ich den Boden.
Meine vielen Spielsachen verteile ich im ganzen Raum.
Ich übe selten Klavier.
Im November will ich ohne Jacke in die Schule.
Vielleicht schimpft meine Mutter laut. Vielleicht seufzt sie
nur. Vorsichtshalber versuche ich ab jetzt brav zu sein.

(75 Wörter)

kontrolliert: ☐   25

Bei mir zu Hause

Wir wohnen bei meiner Tante zur Miete. Sie ist
alt und ihr schiefer Rücken bereitet ihr manchmal
Qualen. Mein Bett steht neben dem Ofen. Von
dort kann ich direkt auf den riesigen Garten mit
der großen Wiese schauen. Ich lasse das Fenster
immer weit offen stehen. In der Mitte des Gartens
ist ein Blumenbeet. Auf dem Kompost vor der Hecke
habe ich sogar schon einmal eine Ratte gesehen.
Ich kann nur raten, wie sich ihr Fell anfühlt.

(81 Wörter)

Sprich laut: Ooooofen   langer Vokal
              offen   kurzer Vokal

Ich merke mir: Nach einem
kurzen Vokal (Selbstlaut)
folgen mindestens zwei
Konsonanten (Mitlaute).

1 Entscheide bei den markierten Vokalen:
Klingen sie lang (—) oder kurz (•)?
Schreibe dann den Text fehlerlos in dein Heft ab.

Mein Bett steht auf einem Blumenbeet.
Der Riese sieht Risse in der Wand.
Das Schiff liegt schief im Wasser.
Feuerquallen können Qualen bereiten.
Wir mieten ein mittelgroßes Auto.
Die Tür am Ofen ist offen.
Ich will viel über Blumen auf Wiesen wissen.

(42 Wörter)

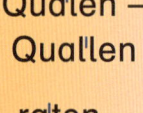

Beet –
Bett

la·sen – las·ser

Mie·te – Mit·te

Ofen – of·fen

Qua·len –
Qual·len

ra·ten –
Rat·ten

Rie·se –
Ris·se

Schal –
Schall

schief –
Schiff

Wie·sen –
wis·sen

2 Setze die passenden Wörter in die Lücken ein.

> Schall, Schal   schief, Schiff
> Wiesen, wissen   Qualen, Quallen

Wenn man Kopfschmerzen hat, leidet man böse _____.

Im Meer schwimmen manchmal viele _____.

Vorsicht, das Bild hängt _____.

Wir fahren mit einem _____ auf der Donau.

Kühe stehen gerne auf saftigen, grünen _____.

Was möchtest du von mir _____?

Der _____ von einem Flugzeug ist laut.

Im Winter trage ich oft einen _____.

3 Diktattext. Wie willst du heute üben?
Umkreise: ✎, 𝒜𝒶, ‿‿, 👄, 👥, 🧑.
Die Diktatformen sind auf Seite 2 erklärt.

> Ist das richtig oder falsch?
> Ein Schal vor dem Mund dämmt den Schall.
> Einen Ofen sollte man immer offen lassen.
> Schiefe Schiffe schwimmen besser.
> Feuerquallen bereiten bei Berührung Qualen.
> Gärtner wissen viel über Blumen auf der Wiese.
> Wenn Ratten raten, raten sie immer richtig.
> Bei Erdbeben können riesige Risse in der Erde entstehen.
> Ein Schaf schafft es an einem Tag, hundert Fußballfelder abzugrasen.
> Die Miete zahlt man in der Mitte des Jahres.   (72 Wörter)

Ein anstrengender Ausflug

Die Hubers gingen spazieren. Sie sangen
Lieder und fanden unter Fichten und
Kiefern viele Pilze. Der Weg zur Bergspitze
aber wurde schwierig, denn links ging es steil in die
Tiefe. Kurz vor dem Ziel mussten sie unter einem
Felsvorsprung hindurch kriechen. Auf dem Heimweg
wurde die Hitze so groß, dass alle schwitzten.
„Wir hätten lieber schwimmen gehen sollen",
maulten die Kinder.
„So ein Erlebnis in der Natur ist aber wichtig",
sagte Frau Huber. „Und bestimmt kommt bald
ein Gewitter."

(82 Wörter)

① Welche Wörter im Text haben ein langes ie, welche
ein kurzes i?
Sortiere und schreibe jedes Wort ein Mal in Silben
getrennt auf.

Wörter mit ie: die, spa-zie-ren, sie, Lie-der,

_____

_____

_____

Wörter mit i: gin-gen, Fich-ten,

_____

_____

_____

_____

bestimmt

das Gewitter

die Hitze

die Kiefer

kriechen

das Lied

links

der Pilz

schwierig

schwimmen

schwitzen

spazieren

die Spitze

tief

viele

wichtig

das Ziel

2 Hier stehen noch mehr Wörter mit langem ie und kurzem i.
Setze die richtigen Zeichen: ▬ oder ●.

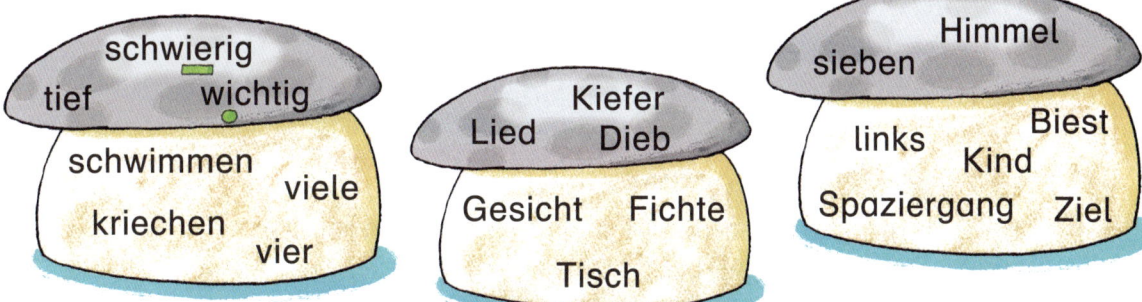

schwierig
tief   wichtig
schwimmen
viele
kriechen
vier

Kiefer
Lied   Dieb
Gesicht   Fichte
Tisch

Himmel
sieben
links   Biest
Kind
Spaziergang   Ziel

3 In jeder Zeile ist ein Wort falsch geschrieben. Korrigiere den
Fehler. Schreibe die Sätze richtig in dein Heft.

Im Wald findet man manchmal Pielze.

Es ist schwirig auf den Händen zu laufen.

Tom läuft verschwietzt durch das Ziel.

Bei Gewieter musst du schnell aus dem Wasser gehen.

Bei Oma krichen viele Schnecken durch das Gras.

4 Diktattext. Wie willst du heute üben?
Umkreise:  .
Die Diktatformen sind auf Seite 2 erklärt.

Wir spazieren im Wald. Es ist wichtig auf den Wegen
zu bleiben. Tief im Wald hinter den Fichten und Kiefern
verstecken sich viele wilde Tiere. Bestimmt können sie
uns hören, wenn wir unsere Lieder singen. Links am
Wegrand steht ein Schild: Bitte keine Pilze sammeln!
Ein Tier kriecht über die Schrift auf dem Schild. Trotz der
Hitze genießen wir unseren Spaziergang. Unser Ziel ist
ein Teich im Tal. Dort können wir schwimmen. Hoffentlich
gibt es kein Gewitter!

(77 Wörter)

Wohnungsbesichtigung

Familie Meier besichtigt in einem großen
Wohnblock eine Wohnung. Ihnen gefällt
sofort der Spielplatz vor dem Haus. Auf
ihm können die Kinder toben. Innen
im Treppenhaus fragt Herr Meier den Vermieter:
„Gibt es im Bad auch ein Fenster?" Der Vermieter
antwortet ihm, dass das Bad leider kein Fenster
besitzt. Doch so kann man sich irren! Frau Meier
entdeckt im Bad nämlich doch ein kleines Fenster.
Sie führt ihren Mann in das Bad und zeigt es ihm.

(77 Wörter)

Ihnen, ihn, ihm, ihr mit h ist für
die Beschreibung von Personen da.
Wir nennen diese Wörter **Personal-
pronomen** (persönliche Fürwörter).

ihm

ihn

ih'nen

ih'ren

im

in

in'nen

ir'ren

① Verbinde jedes Wort mit der passenden Erklärung
und schreibe die Sätze als Würfeldiktat.
Das Würfeldiktat ist auf Seite 2 erklärt.

Die Höhle –

Der Freund –

Die Bücher –

Die Stadt –

Die Luft –

Die Kinder –

in ihr kann ein
Vogel fliegen.

innen ist es in ihr hohl.

ihm kannst du vertrauen.

in ihnen kannst du lesen.

in ihr solltest du dich
nicht verirren.

ihren Eltern gefallen sie
am besten.

$\mathcal{A}a$ (2) Schreibe den Text richtig mit großen und kleinen
Buchstaben in dein Heft.

AM ABEND IST IM THEATER EINE AUFFÜHRUNG

MIT DEN KINDERN AUS DEM SCHULCHOR.

ALLE MÖCHTEN IHNEN GERNE ZUHÖREN.

IM SAAL SITZEN VIELE AUFGEREGTE ELTERN.

SIE SUCHEN AUF DER BÜHNE IHRE KINDER

IN DER MENGE.

LEA ENTDECKT IHREN BRUDER OLLI. SIE WINKT

IHM ZU. DOCH OLLI WINKT IHR NICHT ZURÜCK.

DER CHORLEITER HAT ZU IHNEN GESAGT, SIE

DÜRFEN IHREN FAMILIEN NICHT ZUWINKEN.

(61 Wörter)

3 Diktattext. Wie willst du heute üben?
Umkreise: ✏️, $\mathcal{A}a$, 〰️, 👄, 👫, 🧑‍🎤.
Die Diktatformen sind auf Seite 2 erklärt.

Ich bin irre aufgeregt. Auf dem Jahrmarkt gibt es zwei
Riesenräder. Mit ihnen möchte ich fahren. Opa kauft
mir ein riesiges Lebkuchenherz.
Darauf steht: Ich habe dich lieb!
Papa will wissen, ob wir Mama auch so ein Herz kaufen
sollen. Ich möchte ihr lieber den weichen Kuschelbären
mitbringen.
Mama liegt krank im Bett. Ich habe ihr meinen langen,
dicken Schal geliehen. Der tut ihr gut.
Oma ist bei Mama und Toni zu Hause geblieben.
Wir bringen ihnen Mandeln mit.

(79 Wörter)

Das ist kein Spaß!

Katja hat mit Drähten gebastelt. Dabei hat sie
sich an der Hand verletzt.
Die Hand blutet stark und Katja weint bitterlich.
Mama fährt mit ihr ins Krankenhaus. Sie spricht mit
der Ärztin: „Es ist mir ein Rätsel, wie das passieren
konnte." Die Ärztin erklärt: „Das muss ich nähen."
Katja schaut ängstlich auf ihre Hand und wartet
darauf, ihre Spritze zu bekommen. Eine Schwester
kommt in den Raum und beruhigt das Kind.

(75 Wörter)

die Angst

ängstlich

der Arzt

die Ärztin

aufräumen

der Draht

erklären

nähen

raten

das Rätsel

der Raum

der Spaß

① Finde das verwandte Wort im Text und schreibe es
auf. Male jeden Laut gelb an, der sich verändert hat.

Angst → ängstlich   Naht → _____

raten → _____   Arzt → _____

Späße → _____   Draht → _____

> Die meisten Wörter mit ä/äu haben einen
> Verwandten mit a und au. Es gibt nur ganz
> wenige Wörter, die du mit ä/äu schreibst,
> die **keinen** Verwandten mit a/au haben. Du
> findest ein paar in diesem Heft auf S. 60.

② Finde die verwandten Wörter und verbinde sie
miteinander. Markiere a/au und ä/äu gelb.

klar	Gebäude	wachsen	lässt
backen	ändern	Kraft	Nähe
anders	erklären	schaffen	kräftig
spaßig	Späße	lassen	Geschäft
bauen	Sträuße	nah	ernähren
Strauß	Bäcker	Nahrung	Gewächs

Lösungen Diktat-Stars 3

(zum Heraustrennen die mittlere Klammer lösen)

Sprechsilben

Geheimnis unter der Erde
Je tiefer man in den harten <u>Erdboden</u> bohrt, desto stärker steigt die <u>Temperatur</u> an. Wir nutzen diese Wärme: Eine <u>bestimmte</u> <u>Flüssigkeit</u> wird durch Schläuche unter die Erde gepumpt. Dort wird sie warm und strömt wieder in die Höhe. Oben gibt die <u>Flüssigkeit</u> Wärme für <u>unsere</u> <u>Heizungen</u> ab. <u>Hoffentlich</u> wird diese <u>umweltfreundliche</u> Technik in Zukunft oft genutzt.

(60 Wörter)

① Unterstreiche im Text alle Wörter mit mindestens drei Sprechsilben (10).

② Schreibe die unterstrichenen Wörter je ein Mal ab. Sprich die Silben dabei laut mit.

Geheimnis, Erdboden, Temperatur,
bestimmte, Flüssigkeit, unsere,
Heizungen, hoffentlich, umweltfreundliche

③ Pepe hat Wörter vom Baum abgeschrieben. Überprüfe seine Rechtschreibung und korrigiere. Schreibe alle Wörter richtig auf und zeichne die Silbenbögen.

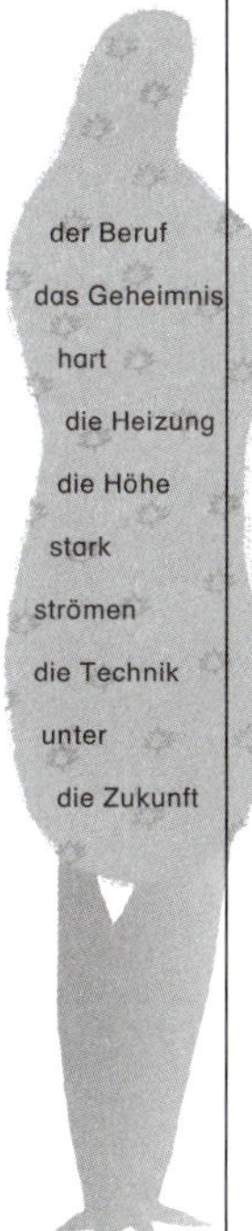

Habe ich etwa Fehler gemacht?

das Geheimis	Geheimnis
der Beruf	Beruf
die Techik	Technik
die Heizug	Heizung
die Zkunft	Zukunft

der Beruf
das Geheimnis
hart
die Heizung
die Höhe
stark
strömen
die Technik
unter
die Zukunft

4

---

r nach Vokal (Selbstlaut), St/st und Sp/sp

① Der Buchstabe r wird beim Sprechen oft verschluckt. Wo hat sich das r in den Wörtern unten versteckt? Sprich deutlich. Ordne die Wörter in die Tabelle.

stark, die Erwartung, unter, hart, der Hunger, unser, die Erde, der Schalter, arbeiten, über, stürmisch

r am Wortende:	r im Wort:
unter, der Hunger,	stark, die Erwartung,
unser, der Schalter,	hart, die Erde,
über	arbeiten,
	stürmisch

② Entscheide: s oder sch. Ordne die Wörter in die richtigen Planeten.

s|trömen, sch|weigen, der S|port, bären|s|tark, die Ta|sch|e, der S|tern, sch|arf, s|pielen, das Bei|s|piel

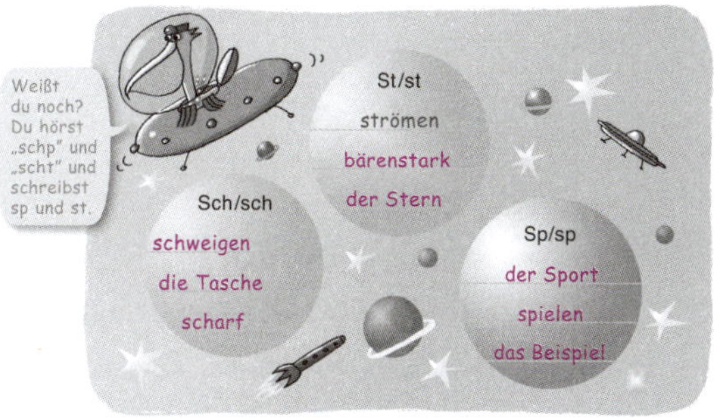

Weißt du noch? Du hörst „schp" und „scht" und schreibst sp und st.

St/st
strömen
bärenstark
der Stern

Sch/sch
schweigen
die Tasche
scharf

Sp/sp
der Sport
spielen
das Beispiel

Großschreibung Nomen (Namenwörter)

① Unterstreiche im Wörterbaum alle Nomen (Namenwörter). Schreibe sie in die Tabelle und ergänze.

Nomen können wir erkennen, wenn wir den Artikel (Begleiter) und die Mehrzahl nennen.

Einzahl	Mehrzahl
der Fernseher	die Fernseher
der Pilz	die Pilze
der Schalter	die Schalter
der Sturm	die Stürme
die Zeichnung	die Zeichnungen

② Schreibe den Text in dein Heft ab. Achte auf die Groß- und Kleinschreibung.

Im Fernseher läuft ein Film über die Wüste. Dort gibt es seltsame Steine. Manche sehen aus wie Pilze. Wie entstehen solche Formen? Ganz natürlich! In trockenen Gegenden fliegen bei Wind oder Sturm Sandkörner gegen die Steine. Dabei werden nach und nach weiche Teile der Steine entfernt, harte Teile bleiben stehen. Welche Formen kannst du in der Zeichnung erkennen?

(58 Wörter)

entfernen
entgegen
der Fernseher
natürlich
der Pilz
der Schalter
scharf
der Sturm
über
die Zeichnung

6

Aufpassstellen

① Viele Wörter schreibst du so, wie du sie sprichst. Einige Wörter aber haben Aufpassstellen. Male die Aufpassstellen in der zweiten Spalte gelb an. Decke dann das Wort ab und schreibe es auswendig auf.

Wir sprechen:	Wir schreiben:	Ich übe:	Alles richtig? ✔ oder korrigiere.
aufreumen	aufräumen	aufräumen	✔
Wekker	Wecker	Wecker	☐
befor	bevor	bevor	☐
braf	brav	brav	☐
blint	blind	blind	☐
Laup	Laub	Laub	☐
frietlich	friedlich	friedlich	☐
Wuam	Wurm	Wurm	☐
bocksen	boxen	boxen	☐
Kristbaum	Christbaum	Christbaum	☐
fertich	fertig	fertig	☐
hungrich	hungrig	hungrig	☐

Male nach dem Abschreiben unter deine Wörter Silbenbögen, so findest du Fehler besser.

1 Setze diese Satzschlusszeichen richtig ein: ? ! .

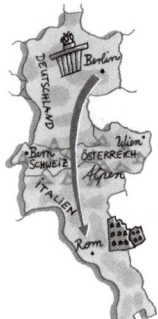

Ärgerlich **!** **T**om und ich sitzen beim Arzt **.** **W**ir warten schon ewig **!/.** **W**ir wollen beide die Europakarte anschauen und streiten **.** **A**m Ende gebe ich nach und schweige **.** **N**ach einer Weile greift Tom meinen Finger und wir reisen in Nu durch ganz Europa **.** **V**on Berlin aus steuern wir auf Rom zu **.** **A**ufgepasst **!** **W**elches große Gebirge überqueren wir dabei **?**

(56 Wörter)

Wir überqueren die ___Alpen___ .

2  Eine wichtige Rechtschreibregel wurde im Text nicht beachtet. Markiere die Fehlerstellen und schreibe den Text richtig in deinem Heft auf.
Lösung siehe Text oben.

Merke dir bloß:
Satzanfänge
schreibst du groß!

3 Welche Wörter vom Baum findest du nicht im Text? Schreibe sie auf.

anders, die Erlaubnis, (ärgern)

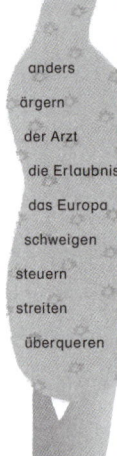

anders
ärgern
der Arzt
die Erlaubnis
das Europa
schweigen
steuern
streiten
überqueren

4 Verbinde richtig und schreibe die Sätze in dein Heft.

Wie entstehen	—	weit in den Boden hinein.
An einigen Orten der Erde sickert das Regenwasser		heiße Quellen?
Tief unter der Erde		dort unten auf.
Das Regenwasser heizt sich		ist es nicht kalt, sondern heiß.
Wenn das Wasser wieder an die Erdoberfläche kommt,		auch in Deutschland.
Heiße Quellen gibt es		ist es immer noch heiß.

(54 Wörter)

5 Diktattext. Wie willst du heute üben?
Umkreise: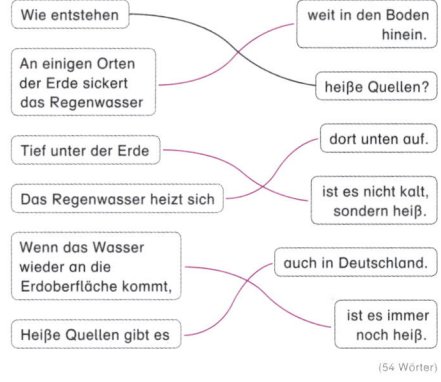
Die Diktatformen sind auf Seite 2 erklärt.

Im Fernsehen läuft ein Film über heiße Quellen in Europa.
In manchen Gegenden läuft das Regenwasser tief in die Erde. Unter der Erde ist es sehr warm.
Das Wasser heizt sich dort stark auf und strömt dann nach oben.
So kommt es zu heißen Quellen.
Das ist das ganze Geheimnis.

(50 Wörter)

8

kontrolliert: ☐ 9

Ninas Feier
Kurz vor den Weihnachtsferien feiert Nina ihren Geburtstag. In der letzten Unterrichtsstunde darf sie mit dem Feuerzeug ihre Geburtstagskerze anzünden. Die Kerze leuchtet schön zwischen den Fichtenzweigen. Zu Hause liegt ein Postpaket. Opa hat eine Handtasche geschickt, die mit bunten Kreuzen bedruckt ist. Nina hat sie in einem Geschäft gesehen und sich gewünscht.

(55 Wörter)

1 Unterstreiche im Text die zusammengesetzten Nomen (Namenwörter) (8).

Geburt ⚡s⚡ tag

Achtung:
Fugen-s!

2 Setze zusammen. Markiere das Fugen-s.

Weihnacht	Ferien	Weihnacht**s**ferien
Holz	Kreuz	Holzkreuz
Geburt	Tag	Torte	Geburt**s**tag**s**torte
Spiel	Waren	Geschäft	Spielwarengeschäft
Beruf	Wunsch	Beruf**s**wunsch
Zukunft	Traum	Zukunft**s**traum
Unterricht	Beginn	Unterricht**s**beginn
Unterricht	Ende	Unterricht**s**ende

das Feuer
die Fichte
die Geburt
der Geburtstag
das Geschäft
das Kreuz
leuchten
das Paket
der Unterricht

3 Finde passende Paare und schreibe sie auf.
Achtung: Zwei gleiche Buchstaben sollen zusammentreffen.

AMPEL HERBST LICHT TAG REIF
BAUM MARDER FREUND NAME
ARM REGEN MUSKEL SAMEN
SOMMER BRIEF GRAS
MÄDCHEN HAAR

4 Setze die Wörter zusammen. Markiere Aufpassstellen gelb.

Manchmal treffen gleiche Konsonanten (Mitlaute) aufeinander und kommen dann zweimal vor!

Wasser — Wasse**rr**atte / Wasserhahn
Laub — Laubfrosch / Lau**bb**aum
Bilder — Bilderbuch / Bilde**rr**ahmen
Spinnen — Spinne**nn**etz / Spinnenbeine

5 Vorsicht, Fehler!
Schreibe richtig und markiere die Aufpassstelle.

Gel**dd**ose, Oh**rr**ing, Topf**pf**lanze, Storche**nn**est

Geldose, Ohring, Topflanze, Storchenest

10

kontrolliert: ☐ 11

① Lies die Wörter im Baum. Kreuze an, was stimmt.

Die Wörter im Baum …

- ☒ haben einen Artikel (Begleiter)
- ☐ bezeichnen alle etwas, was ich anfassen oder malen kann.
- ☒ schreibe ich groß.
- ☐ kann ich alle in die Mehrzahl setzen.

> Etwas, das wir benennen, aber nicht anfassen können, nennen wir „abstrakte Nomen (Namenwörter)". Wir schreiben sie groß.

die Angst
der Durst
das Erlebnis
die Gefahr
die Hitze
der Hunger
die Kraft
die Qual
die Ruhe
der Schutz
der Spaß

② Setze im Text abstrakte Nomen aus dem Wörterbaum ein. Schreibe mit den Sätzen ein Würfeldiktat. Das Würfeldiktat ist auf Seite 2 erklärt.

- Das Spiel hat mir richtig _Spaß_ gemacht.
- Hast du vor Spinnen _Angst_ ?
- Die letzte Busfahrt war ein _Erlebnis_ .
- Nach der Sportstunde habe ich immer _Hunger_ und _Durst_ .
- Am Abend brauche ich etwas _Ruhe_ .
- Diese schrägen Töne sind eine _Qual_ für meine Ohren!

③ Welche Wörter vom Wörterbaum hast du in Aufgabe 2 nicht benutzt? Schreibe sie auf.

die Gefahr, die Hitze,
die Kraft, der Schutz

---

① Bilde Wörter mit dem Wortbaustein -ung und markiere den Wortstamm gelb.

Verb	Wort mit -ung	Verb	Wort mit -ung
kreuzen	Kreuzung	erwarten	Erwartung
entfernen	Entfernung	regeln	Regelung
zeichnen	Zeichnung	rechnen	Rechnung
heizen	Heizung	ändern	Änderung

② Kreuze an, was stimmt.

- ☒ Verben (Tunwörter) in der Grundform enden meist mit -en, manchmal auch mit -ern oder -eln.
- ☐ Mit dem Wortbaustein -ung wird immer aus einem Adjektiv (Wiewort) ein Nomen.
- ☒ Das Nomen hat den gleichen Wortstamm wie das passende Verb.

③ Diktattext. Wie willst du heute üben? Umkreise:
Die Diktatformen sind auf Seite 2 erklärt.

Papa trägt voller Erwartung sein Geburtstagsgeschenk nach Hause. Ach, das Paket ist so schwer!
Papa will es nicht mehr tragen.
In dem Postpaket sind Gewichte für den Kraftsport.
Zu Hause macht Papa Übungen für die Armmuskeln.
Auf einmal hat er an den Bewegungen viel Spaß.
Gerade war es doch noch eine Qual?
Nach dem Sport hat Papa Hunger und Durst. (60 Wörter)

Ein Text für den Bastelfreund
Male auf eine Korkscheibe eine Windrose.
Magnetisiere eine Nadel und klebe sie auf die Korkscheibe. Fertig ist dein Werk! Lege nun die Korkscheibe ins Wasser. Wegen der Magnetkraft der Erde zeigt ein Nadelende nach Norden. Das andere zeigt dorthin, wo mittags die Sonne steht. Ein Kompass ist ein gutes Werkzeug, um sich im Wald, am Strand, auf dem Wasser und an Land zu orientieren. (69 Wörter)

der Kork
die Kraft
das Land
der Magnet
der Mittag
der Strand
der Text
der Wald
das Werk
das Werkzeug

> Ich verlängere das Wort und höre genau.

① d oder t, g oder k? Setze richtig ein. Die Wortverlängerung hilft dir.

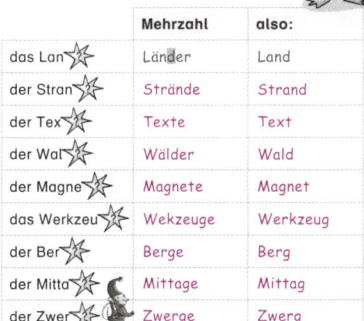

	Mehrzahl	also:
das Lan🌟	Länder	Land
der Stran🌟	Strände	Strand
der Tex🌟	Texte	Text
der Wal🌟	Wälder	Wald
der Magne🌟	Magnete	Magnet
das Werkzeu🌟	Wekzeuge	Werkzeug
der Ber🌟	Berge	Berg
der Mitta🌟	Mittage	Mittag
der Zwer🌟	Zwerge	Zwerg

---

② b oder p? Verlängere die Adjektive (Wiewörter) wie im Beispiel und markiere.

Der Mann ist tau🌟. _Der taube Mann_
Der Vogel ist gel🌟. _Der gelbe Vogel_
Die Suppe ist trü🌟. _Die trübe Suppe_
Das Nashorn ist plum🌟. _Das plumpe Nashorn_

③ Setze ein: b/p, g/k, d/t. Vergleiche mit der Lösung und schreibe die Sätze als Würfeldiktat. Das Würfeldiktat ist auf Seite 2 erklärt.

- Das Werkzeu_g_ ist zu gro_b_ !
- Welcher Die_b_ hat mein Gel_d_ geklaut?
- Das letzte Dikta_t_ war ein großer Erfol_g_ !
- Auf dem Ber_g_ sitzt ein Zwer_g_ mit einem großen Kor_b_ .
- Der We_g_ ist so wei_t_ ! Hat denn keiner Mitlei_d_ mit mir?
- Der Hun_d_ des Bauern ist zwar plum_p_ , aber lie_b_ .

④ Diktattext. Wie willst du heute üben? Umkreise:
Die Diktatformen sind auf Seite 2 erklärt.

Am Mittag erreichte der Kapitän die Insel.
An Land wanderte er auf einem Bergweg.
Der Himmel war trüb. Bald regnete es. Wie sollte er sich einen Regenschutz basteln? Er hatte doch kein Werkzeug!
Er ging in einen kleinen Wald und rüttelte mit Kraft an einem Baum. Ein Zweig fiel herunter. Mit dem Zweig als Regenschirm wanderte der Kapitän zurück zum Strand.

(61 Wörter)

Ein aufregender Urlaubstag
Tim lag ganz bequem am <u>Sandstrand</u> auf seinem
<u>Handtuch</u> und las. Zur <u>Mittagszeit</u> zogen plötzlich
dichte Rauchschwaden vorbei. Tim hustete laut.
Über <u>Lautsprecher</u> erfuhren die <u>Urlaubsgäste</u>,
was los war. Im nahen <u>Laubwald</u> war Feuer
ausgebrochen. Aufgeregt beobachtete Tim ein
<u>Flugzeug</u> mit einem großen Behälter. Er war bis zum
Rand mit Meerwasser gefüllt. Das Wasser wurde
über dem Brandherd entleert. Bis zum <u>Abendessen</u>
war der <u>Waldbrand</u> gelöscht. Tim, das <u>Handtuch</u>
und sogar die Badehose rochen noch lange nach
Rauch.
(81 Wörter)

das Abendessen
das Flugzeug
das Handtuch
der Laubwald
der Lautsprecher
die Mittagszeit
der Sandstrand
das Strandbad
der Urlaubsgast
der Urlaubstag
der Waldbrand

1 Unterstreiche im Text die Wörter aus dem
Wörterbaum. Schreibe den Text ab.

2 g oder k? b oder p? Verbinde und schreibe richtig.

das Flu_g_zeug	schlagen	Flugzeug
der Ban_k_überfall	teigig	Banküberfall
das Schla_g_zeug	Flüge	Schlagzeug
die Tei_g_tasche	Banken	Teigtasche
die Urlau_b_sreise	die Leiber	Urlaubsreise
der Lau_b_wald	die Laube	Laubwald
das Lei_b_gericht	treiben	Leibgericht
das Hu_p_konzert	der Urlauber	Hupkonzert
der Trei_b_sand	hupen	Treibsand

3 d oder t? Ergänze die Wortenden richtig. Setze dann die zwei
verbundenen Wörter passend zusammen.

Han_d_	Wächter	Handtuch
Stran_d_	Ba_d_	Strandbad
Nach_t_	Tuch	Nachtwächter
Aben_d_	Essen	Abendessen
Her_d_	Messer	Herdplatte
Bro_t_	Platte	Brotmesser
Bran_d_	Kuchen	Brandgeruch
San_d_	Eis	Sandkuchen
Fruch_t_	Geruch	Fruchteis
Wan_d_	Sala_t_	Wanduhr
Krau_t_	Uhr	Krautsalat

4 Diktattext. Wie willst du heute üben?
Umkreise:
Die Diktatformen sind auf Seite 2 erklärt.

Es ist so ein schöner Urlaubstag im Strandbad!
Doch jetzt haben wir alle Hunger und gehen durch den
Laubwald nach Hause. Vater macht einen Krautsalat.
Ich hole aus dem Wandschrank die Teller. Mama bringt
die Teigtaschen. Teigtaschen sind mein Leibgericht!
Da strömt aus der Küche Brandgeruch. Oh weh, der
Sandkuchen qualmt im Ofen! Das macht nichts. Jetzt gibt
es eben Fruchteis zum Nachtisch.
(63 Wörter)

16

Leons Wanderung
(Fleißig) packt Leon seinen Rucksack und marschiert
(glücklich) los. Im Wald ist es (ruhig) und (friedlich).
Bald ist er (hungrig) und (durstig) und Leon macht
eine Pause. Da sieht er einen (eckigen) Felsen.
(Vorsichtig) klettert Leon hoch. Trotzdem rutscht
er aus und fällt in eine Pfütze. Jetzt ist die Hose
(natürlich) (schrecklich) (schmutzig). (Ängstlich) denkt er:
„Was wird Mama sagen?" Mama schimpft nicht. Sie
bleibt ganz (ruhig). Sie meint nur: „Das war aber ganz
schön (gefährlich)!"
(78 Wörter)

ängstlich
beruflich
durstig
eckig
fleißig
friedlich
gefährlich
glücklich
hungrig
natürlich
ruhig
schmutzig
schrecklich
vorsichtig

1 Welche Wörter aus dem Wörterbaum findest du im
Text? Kreise sie rot ein.

2 Schreibe den Text ab.
Tipps zum Abschreiben findest du auf Seite 2.

3 Verwandle Nomen (Namenwörter) in
Adjektive (Wiewörter). Verbinde und schreibe.

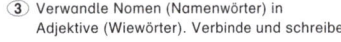
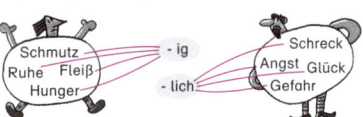

Schmutz, Ruhe, Fleiß, Hunger — -ig
Schreck, Angst, Glück, Gefahr — -lich

schmutzig, ruhig, fleißig, hungrig,
schrecklich, ängstlich, glücklich,
gefährlich

4 Wandle die Nomen in Adjektive um.

Kraft –	kräftig	Rost –	rostig
Fleiß –	fleißig	Durst –	durstig
Ärger –	ärgerlich	Freund –	freundlich
Beruf –	beruflich	Natur –	natürlich

5 Jetzt umgekehrt.
Schreibe zu den Adjektiven die richtigen Nomen.

eckig –	Ecke	hungrig –	Hunger
ruhig –	Ruhe	vorsichtig –	Vorsicht
friedlich –	Friede/Frieden	ängstlich –	Angst
sonnig –	Sonne	wolkig –	Wolke
geduldig –	Geduld	sportlich –	Sport

6 Diktattext. Wie willst du heute üben?
Umkreise:
Die Diktatformen sind auf Seite 2 erklärt.

Mutig, aber vorsichtig klettert Leon auf eckige Felsen.
Das ist natürlich gefährlich, aber es macht ihn glücklich.
„Vielleicht sollte ich später beruflich auf Felsen klettern",
denkt Leon. „Das wäre doch lustig! Dann würde ich auch
immer fleißig arbeiten gehen."
Leons Mama findet den Gedanken schrecklich. Sie ist
so ängstlich! Leon soll lieber ruhig und friedlich in einem
Büro arbeiten. Da wird er auch nicht schmutzig.
(65 Wörter)

18

Emil und Eren lesen

Emil rennt zu Eren hinüber. Emil setzt sich hin und lässt sich von Eren den türkischen Text im Buch übersetzen. Da steht:
Bitte keine Fäden abbeißen!
Bitte das Licht nicht am Abend einschalten!
Bitte die Betten immer nachts ausschütteln!
Knöpfe nur im Dunkeln annähen!
Eren macht nur Spaß. Er übersetzt noch einmal richtig. Dann bauen Emil und Eren zusammen das Fußballtor im Garten auf. (68 Wörter)

① Im Text oben stehen viele zusammengesetzte Verben. Suche sie und kreise sie hier im Buch gelb ein.

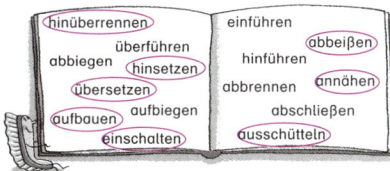

hinüberrennen · einführen · überführen · abbeißen · abbiegen · hinsetzen · übersetzen · annähen · aufbauen · aufbiegen · abbrennen · abschließen · einschalten · ausschütteln

② Welche neuen Wörter entstehen? Schreibe die Verben mit den angegebenen Wortbausteinen auf.

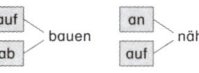 bauen   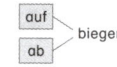 nähen   biegen

aufbauen, abbauen, annähen,
aufnähen, aufbiegen, abbiegen

---

③ Hier stimmt etwas nicht. Schreibe die Sätze noch einmal richtig ab. Benutze passende Wortbausteine.

Timo will den Computer wegschalten.

Timo will den Computer einschalten.

Elena soll die Haustür einschließen.

Elena soll die Haustür aufschließen.

Katrin möchte zu ihrer Freundin wegrennen.

Katrin möchte zu ihrer Freundin
hinüberrennen.

Leo und Tine wollen den schmutzigen Teppich hinschütteln.

Leo und Tine wollen den schmutzigen Teppich
ausschütteln.

④ Diktattext. Wie willst du heute üben?
Umkreise: Die Diktatformen sind auf Seite 2 erklärt.

In der Englischstunde will der Lehrer neue Wörter einführen. Er übersetzt sie englisch und deutsch. Niemand hört ihm zu. Tanja versucht die Klammer an ihrem Heft aufzubiegen. Luis will heimlich sein Handy anschalten. Moritz schüttelt sein Taschentuch aus. Tara beißt einen Faden von ihrer Jacke ab. Lotte rennt zu ihrer Freundin hinüber. „Setz dich hin! Seid alle ruhig!", ruft der Lehrer. Er wollte die Stunde mit einem Lied abschließen. Jetzt aber gibt er besonders viele Hausaufgaben auf. (77 Wörter)

Fußballfieber

Christine spielt in einem Verein Fußball. Wenn sie verliert, ärgert sie sich. Sie vergisst dann, dass eine gute Spielerin auch eine gute Verliererin ist. Auf der Wiese neben Christines Haus steht ein Schild: Fußball spielen verboten! Christine hat das Schild einmal verpackt. Dafür hat sie viel Papier verbraucht. Auf die Verpackung hat sie geschrieben: Vorsicht! Hier haben Fußballer Vorfahrt! Leider war das Papier bald verschmutzt. „Hoffentlich schlägt der Blitz ein und verbrennt das Schild", denkt Christine. (77 Wörter)

Lösung siehe Text oben:
① Schreibe den Text ab. Ändere dabei den Namen in Christine. Achte darauf, dass sich dadurch auch andere Wörter verändern! Tipps zum Abschreiben findest du auf Seite 2.

Wörter mit den Wortbausteinen Ver-/ver- und Vor-/vor- musst du dir gut merken!

verbieten · verbrauchen · verbrennen · der Verein · vergessen · verlieren · die Verpackung · verschmutzen · die Vorfahrt

② Ver-/ver- oder Vor-/vor-?
Setze ein und spure das Wort zu Ende.

  ver brennen   vor bildlich
 ver brauchen   vor erst
 Vor sicht    ver bieten   Ver bot
vor laut    ver lieben    vor eilig

---

③ Schreibe die Wörter mit den passenden Wortbausteinen ver- oder vor-. Markiere die Nahtstelle. Was fällt dir auf?

rennen –	vorrennen	reiten –	vorreiten
raten –	verraten	reiben –	verreiben
rühren –	verrühren	rosten –	verrosten
reisen –	verreisen	rechnen –	ver-/vorrechnen
ragen –	vorragen	rücken –	ver-/vorrücken

Mir fällt auf, dass das r von vor- und ver- mit dem r
des Verbs zusammenstößt und verdoppelt wird.

④ Diktattext. Wie willst du heute üben?
Umkreise: Die Diktatformen sind auf Seite 2 erklärt.

Ich finde mal wieder meinen Schlüssel nicht. Habe ich ihn im Verein vergessen? Ich laufe zurück. Der Hausmeister hat neue Fußbälle bestellt. Er holt sie gerade aus der Verpackung. „Ich habe meinen Schlüssel verloren", sage ich traurig. „Schon wieder? Dein Verbrauch an Schlüsseln ist enorm", antwortet der Hausmeister und lacht. „Für dich sollten Schlüssel verboten sein." Wir suchen zusammen. Der Schlüssel liegt neben dem Tor. Er ist ganz verschmutzt. Aber zum Glück ist er wieder da! (76 Wörter)

Struppi hat Pech

Struppi wartet brav neben dem Klavier auf den Familienvater. Vor dem Hund liegt eine Blumenvase vollständig in Scherben. Es war die Vase mit dem rosa Vogel darauf. Vielleicht hätte Struppi besser aufpassen sollen, als er so schnell um die Kurve gerast ist. Was wird sein Herrchen nur sagen, wenn er die vielen Scherben sieht? Außerdem war die Vase bis zum Rand voll mit Wasser. So ein Pech! Bevor der Vater kommt, schleckt Struppi ein wenig von dem Wasser auf.

(82 Wörter)

Ich spreche f und w und schreibe v!

① Suche alle Wörter im Text, in denen du ein V/v findest. Kreise sie rot ein.

② Setze im Text passende Wörter mit V/v ein.

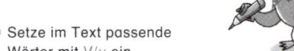

Vater (2 x), Vase (2 x), vollständig, Klavier, vielen, Vogel

Man kann eine zerbrochene __Vase__ nur sehr schlecht wieder __vollständig__ richten.

Struppi hofft, dass __Vater__ nicht schimpft.

__Vater__ steht neben dem __Klavier__

und schaut auf die __vielen__ Scherben.

Er ist nicht böse. Die __Vase__ mit dem rosa

__Vogel__ konnte er sowieso nicht leiden.

bevor
brav
das Klavier
die Kurve
der November
die Vase
der Vater
viel
vielleicht
der Vogel
voll
vollständig

③ Verbinde die Silben und schreibe die Wörter auf.

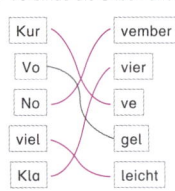

Kur	vember
Vo	vier
No	ve
viel	gel
Kla	leicht

voll	rückt
ver	bei
vor	ständig
be	over
Pull	vor

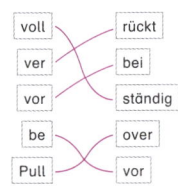

Vogel, Kurve, November, vielleicht,
Klavier, vollständig, verrückt,
vorbei, bevor, Pullover

4 Diktattext. Wie willst du heute üben?
Umkreise:
Die Diktatformen sind auf Seite 2 erklärt.

Mama verliert manchmal die Geduld mit mir:
Ich bade in der vollen Wanne und verbrauche dabei viel Wasser.
Oft vergesse ich die Zähne zu putzen, bevor ich ins Bett gehe.
Mit meinen Gummistiefeln verschmutze ich den Boden.
Meine vielen Spielsachen verteile ich im ganzen Raum.
Ich übe selten Klavier.
Im November will ich ohne Jacke in die Schule.
Vielleicht schimpft meine Mutter laut. Vielleicht seufzt sie nur. Vorsichtshalber versuche ich ab jetzt brav zu sein.

(75 Wörter)

Bei mir zu Hause

Wir wohnen bei meiner Tante zur Miete. Sie ist alt und ihr schiefer Rücken bereitet ihr manchmal Qualen. Mein Bett steht neben dem Ofen. Von dort kann ich direkt auf den riesigen Garten mit der großen Wiese schauen. Ich lasse das Fenster immer weit offen stehen. In der Mitte des Gartens ist ein Blumenbeet. Auf dem Kompost vor der Hecke habe ich sogar schon einmal eine Ratte gesehen. Ich kann nur raten, wie sich ihr Fell anfühlt.

(81 Wörter)

Beet – Bett

la'sen – las'sen

Mie'te – Mitte

Sprich laut: Oooooofen langer Vokal
offen kurzer Vokal

Ich merke mir: Nach einem kurzen Vokal (Selbstlaut) folgen mindestens zwei Konsonanten (Mitlaute).

Ofen – offen

① Entscheide bei den markierten Vokalen: Klingen sie lang (▬) oder kurz (●)?
Schreibe dann den Text fehlerlos in dein Heft ab.

Mein Bett steht auf einem Blumenbeet.
Der Riese sieht Risse in der Wand.
Das Schiff liegt schief im Wasser.
Feuerquallen können Qualen bereiten.
Wir mieten ein mittelgroßes Auto.
Die Tür am Ofen ist offen.
Ich will viel über Blumen auf Wiesen wissen.

(42 Wörter)

Quälen – Quallen
raten – Ratten
Rie'se – Ris'se
Schal – Schall
schief – Schiff
Wie'sen – wis'sen

② Setze die passenden Wörter in die Lücken ein.

| Schall, Schal | schief, Schiff |
| Wiesen, wissen | Qualen, Quallen |

Wenn man Kopfschmerzen hat, leidet man böse __Qualen__.

Im Meer schwimmen manchmal viele __Quallen__.

Vorsicht, das Bild hängt __schief__.

Wir fahren mit einem __Schiff__ auf der Donau.

Kühe stehen gerne auf saftigen, grünen __Wiesen__.

Was möchtest du von mir __wissen__?

Der __Schall__ von einem Flugzeug ist laut.

Im Winter trage ich oft einen __Schal__.

3 Diktattext. Wie willst du heute üben?
Umkreise:
Die Diktatformen sind auf Seite 2 erklärt.

Ist das richtig oder falsch?
Ein Schal vor dem Mund dämmt den Schall.
Einen Ofen sollte man immer offen lassen.
Schiefe Schiffe schwimmen besser.
Feuerquallen bereiten bei Berührung Qualen.
Gärtner wissen viel über Blumen auf der Wiese.
Wenn Ratten raten, raten sie immer richtig.
Bei Erdbeben können riesige Risse in der Erde entstehen.
Ein Schaf schafft es an einem Tag, hundert Fußballfelder abzugrasen.
Die Miete zahlt man in der Mitte des Jahres.

(72 Wörter)

Ein anstrengender Ausflug

Die Hubers gingen spazieren. Sie sangen
Lieder und fanden unter Fichten und
Kiefern viele Pilze. Der Weg zur Bergspitze
aber wurde schwierig, denn links ging es steil in die
Tiefe. Kurz vor dem Ziel mussten sie unter einem
Felsvorsprung hindurch kriechen. Auf dem Heimweg
wurde die Hitze so groß, dass alle schwitzten.
„Wir hätten lieber schwimmen gehen sollen",
maulten die Kinder.
„So ein Erlebnis in der Natur ist aber wichtig",
sagte Frau Huber. „Und bestimmt kommt bald
ein Gewitter."

(82 Wörter)

bestimmt
das Gewitter
die Hitze
die Kiefer
kriechen
das Lied
links
der Pilz
schwierig
schwimmen
schwitzen
spazieren
die Spitze

tief
viele
wichtig
das Ziel

1 Welche Wörter im Text haben ein langes ie, welche
ein kurzes i?
Sortiere und schreibe jedes Wort ein Mal in Silben
getrennt auf.

Wörter mit ie: die, spa-zie-ren, sie, Lie-der,
Kie-fern, vie-le, schwie-rig, Tie-fe,
Ziel, krie-chen, lie-ber

Wörter mit i: gin-gen, Fich-ten, Pil-ze, (schwie-rig),
Berg-spit-ze, links, ging, in, hin-durch,
Hit-ze, schwitz-ten, wir, schwim-men,
Kin-der, Er-leb-nis, ist, wich-tig,
be-stimmt, Ge-wit-ter

2 Hier stehen noch mehr Wörter mit langem ie und kurzem i.
Setze die richtigen Zeichen: ▬ oder •.

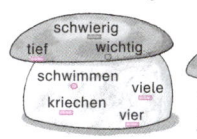
schwierig
tief wichtig
schwimmen
viele
kriechen
vier

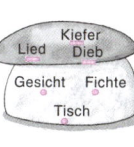
Kiefer
Lied
Dieb
Gesicht Fichte
Tisch

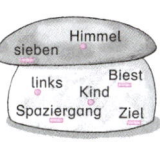
Himmel
sieben
links Biest
Kind
Spaziergang Ziel

3 In jeder Zeile ist ein Wort falsch geschrieben. Korrigiere den
Fehler. Schreibe die Sätze richtig in dein Heft.

Im Wald findet man manchmal ~~Pielze~~.   Pilze

Es ist ~~schwirig~~ auf den Händen zu laufen.   schwierig

Tom läuft ~~verschwietzt~~ durch das Ziel.   verschwitzt

Bei ~~Gewieter~~ musst du schnell aus dem Wasser gehen.   Gewitter

Bei Oma ~~kriechen~~ viele Schnecken durch das Gras.   kriechen

4 Diktattext. Wie willst du heute üben?
Umkreise:
Die Diktatformen sind auf Seite 2 erklärt.

Wir spazieren im Wald. Es ist wichtig auf den Wegen
zu bleiben. Tief im Wald hinter den Fichten und Kiefern
verstecken sich viele wilde Tiere. Bestimmt können sie
uns hören, wenn wir unsere Lieder singen. Links am
Wegrand steht ein Schild: Bitte keine Pilze sammeln!
Ein Tier kriecht über die Schrift auf dem Schild. Trotz der
Hitze genießen wir unseren Spaziergang. Unser Ziel ist
ein Teich im Tal. Dort können wir schwimmen. Hoffentlich
gibt es kein Gewitter!

(77 Wörter)

Wohnungsbesichtigung

Familie Meier besichtigt in einem großen
Wohnblock eine Wohnung. Ihnen gefällt
sofort der Spielplatz vor dem Haus. Auf
ihm können die Kinder toben. Innen
im Treppenhaus fragt Herr Meier den Vermieter:
„Gibt es im Bad auch ein Fenster?" Der Vermieter
antwortet ihm, dass das Bad leider kein Fenster
besitzt. Doch so kann man sich irren! Frau Meier
entdeckt im Bad nämlich doch ein kleines Fenster.
Sie führt ihren Mann in das Bad und zeigt es ihm.

(77 Wörter)

ihm

ihn
ih'nen
ihren
im
in
in'nen
ir'ren

> Ihnen, ihn, ihm, ihr mit h ist für
> die Beschreibung von Personen da.
> Wir nennen diese Wörter **Personal-
> pronomen** (persönliche Fürwörter).

1 Verbinde jedes Wort mit der passenden Erklärung
und schreibe die Sätze als Würfeldiktat.
Das Würfeldiktat ist auf Seite 2 erklärt.

Die Höhle –	in ihr kann ein Vogel fliegen.
Der Freund –	innen ist es in ihr hohl.
Die Bücher –	ihm kannst du vertrauen.
Die Stadt –	in ihnen kannst du lesen.
Die Luft –	in ihr solltest du dich nicht verirren.
Die Kinder –	ihren Eltern gefallen sie am besten.

Aₑ 2 Schreibe den Text richtig mit großen und kleinen
Buchstaben in dein Heft.

Am Abend ist im Theater eine Aufführung
mit den Kindern aus dem Schulchor.
Alle möchten ihnen gerne zuhören.
Im Saal sitzen viele aufgeregte Eltern.
Sie suchen auf der Bühne ihre Kinder
in der Menge.
Lea entdeckt ihren Bruder Olli. Sie winkt
ihm zu. Doch Olli winkt ihr nicht zurück.
Der Chorleiter hat zu ihnen gesagt, sie
dürfen ihren Familien nicht zuwinken.

(61 Wörter)

3 Diktattext. Wie willst du heute üben?
Umkreise:
Die Diktatformen sind auf Seite 2 erklärt.

Ich bin irre aufgeregt. Auf dem Jahrmarkt gibt es zwei
Riesenräder. Mit ihnen möchte ich fahren. Opa kauft
mir ein riesiges Lebkuchenherz.
Darauf steht: Ich habe dich lieb!
Papa will wissen, ob wir Mama auch so ein Herz kaufen
sollen. Ich möchte ihr lieber den weichen Kuschelbären
mitbringen.
Mama liegt krank im Bett. Ich habe ihr meinen langen,
dicken Schal geliehen. Der tut ihr gut.
Oma ist bei Mama und Toni zu Hause geblieben.
Wir bringen ihnen Mandeln mit.

(79 Wörter)

Das ist kein Spaß!

Katja hat mit Drähten gebastelt. Dabei hat sie sich an der Hand verletzt.
Die Hand blutet stark und Katja weint bitterlich.
Mama fährt mit ihr ins Krankenhaus. Sie spricht mit der Ärztin: „Es ist mir ein Rätsel, wie das passieren konnte." Die Ärztin erklärt: „Das muss ich nähen."
Katja schaut ängstlich auf ihre Hand und wartet darauf, ihre Spritze zu bekommen. Eine Schwester kommt in den Raum und beruhigt das Kind.

(75 Wörter)

① Finde das verwandte Wort im Text und schreibe es auf. Male jeden Laut gelb an, der sich verändert hat.

Angst → <u>ängstlich</u>   Naht → <u>nähen</u>

raten → <u>Rätsel</u>   Arzt → <u>Ärztin</u>

Späße → <u>Spaß</u>   Draht → <u>Drähte</u>

Die meisten Wörter mit ä/äu haben einen Verwandten mit a und au. Es gibt nur ganz wenige Wörter, die du mit ä/äu schreibst, die **keinen** Verwandten mit a/au haben. Du findest ein paar in diesem Heft auf S. 60.

② Finde die verwandten Wörter und verbinde sie miteinander. Markiere a/au und ä/äu gelb.

klar — Gebäude   wachsen — lässt
backen — ändern   Kraft — Nähe
anders — erklären   schaffen — kräftig
spaßig — Späße   lassen — Geschäft
bauen — Sträuße   nah — ernähren
Strauß — Bäcker   Nahrung — Gewächs

die Angst
ängstlich
der Arzt
die Ärztin
aufräumen
der Draht
erklären
nähen
raten
das Rätsel
der Raum
der Spaß

③ Verwandle die Wörter in Verben (Tunwörter) oder Nomen (Namenwörter). Markiere a, ä, au und äu gelb.

Päckchen → Verb: <u>packen</u>

scharf → Nomen: <u>Schärfe</u>

Traum → Verb: <u>träumen</u>

bauen → Nomen: <u>Gebäude</u>

Nahrung → Verb: <u>ernähren</u>

Hang → Verb: <u>hängen</u>

Wahl → Verb: <u>wählen</u>

Wenn du kein verwandtes Wort mit a/au findest, musst du e/eu einsetzen. Dieser Trick hilft dir bei der Rechtschreibung.

④ Setze ein: Ä/ä und äu oder E/e und eu. Schreibe das Wort auf, das dir hilft.

H_ä_nde	Mir hilft: Hand.
_E_cke	Es gibt kein verwandtes Wort mit A.
qu_ä_len	Mir hilft: Qual.
_ä_ngstlich	Mir hilft: Angst,
W_ä_lder	Mir hilft: Wald.
_Ä_rztin	Mir hilft: Arzt.
D_eu_tschland	Es gibt kein verwandtes Wort mit A.
R_ä_tsel	Mir hilft: raten.
W_e_cker	Es gibt kein verwandtes Wort mit A.
Gew_ä_chs	Mir hilft: wachsen.
f_eu_cht	Es gibt kein verwandtes Wort mit A.
N_ä_he	Mir hilft: nah.
Kr_eu_z	Es gibt kein verwandtes Wort mit A.

---

⑤ Male die Verben (Tunwörter), die zusammengehören, in derselben Farbe an.
Aufgepasst! Ein paar Wörter haben keine Verwandten.

sie bäckt   du lässt   lassen   backen   du erklärtest
sie wuchs   sie hingen   wir nähten   er ändert
ich backte   er wächst   hängen   sie wählt
wir hängen   er ließ   wachsen

⑥ Schreibe die Verben von Aufgabe 5, die zusammengehören, richtig in die Tabelle.
Markiere dabei den Laut, der sich verändert.

Grundform	Gegenwart	1. Vergangenheit
backen	sie bäckt	ich backte
wachsen	er wächst	sie wuchs
hängen	wir hängen	sie hingen
lassen	du lässt	er ließ
erklären	du erklärst	du erklärtest
nähen	ich nähe	wir nähten
ändern	er ändert	ich änderte
wählen	sie wählt	du wähltest

⑦ Schreibe auch die übrig gebliebenen Wörter richtig in die Tabelle und fülle die leeren Felder.

ändern – ändert
backen – bäckt
hängen – hängt
lassen – lässt
raten – rät
wachsen – wächst

⑧ Wortfamilie ändern. Streiche die Wörter durch, die nicht zur Wortfamilie gehören. Finde außerdem drei weitere Beispiele zur Wortfamilie.

Markiere zuerst den Wortstamm in allen Wörtern! Dann findest du die nicht verwandten Wörter ganz leicht.

ändern
Zeige deine Lösung einem Erwachsenen.
andersartig
~~Andrang~~
Änderungsschneiderei
~~anfangen~~   verarbeiten
Veränderung   verändern

⑨ Suche fünf Wörter zur Wortfamilie raten und kontrolliere mit dem Wörterbuch.

<u>Zeige deine Lösung einem Erwachsenen.</u>

⑩ Diktattext. Wie willst du heute üben?
Umkreise:
Die Diktatformen sind auf Seite 2 erklärt.

Ich gehe mit meiner Freundin zum Bäcker ganz in der Nähe. In einem großen Gebäude hat er sein Geschäft. Er weckt schon am frühen Morgen die Leute mit dem Duft des Gebäcks. Heute habe ich feine Brötchen mit Rosinen entdeckt. Davon könnte ich mich immer ernähren. Ich zahle der Verkäuferin fünf Euro. Sie gibt mir mein Wechselgeld zurück. In Deutschland gibt es viele Sorten Brot. In anderen Ländern können sie davon nur träumen.

(73 Wörter)

Die Erfindung des Heißluftballons
An einem Tag im Jahre 1783 hängt eine Frau
einen nassen, seidenen Unterrock über den
heißen Ofen. Plötzlich wölbt er sich und
schwebt gegen die Decke. Ihr Ehemann beobachtet
das und erfindet den Heißluftballon. Ein Heißluftballon fliegt, weil heiße Luft weniger wiegt als kalte.
Die kalte Luft sinkt nach unten und die heiße Luft
steigt nach oben. Mit ihr schwebt der Ballon hinauf
und man erlebt einen tollen Flug, wenn es das
Wetter erlaubt.
(78 Wörter)

1 Schreibe den Text ab.
Tipps zum Abschreiben findest du auf Seite 2.

2 g oder k? Was muss es sein? Verlängere das Wort
und markiere den Wortstamm.

	Grundform	also schreibst du:
du wie💥st	wiegen	du wiegst
es wir💥t	wirken	es wirkt
du beu💥st	beugen	du beugst
du zei💥st	zeigen	du zeigst
es bewe💥t	bewegen	es bewegt
es brin💥t	bringen	es bringt
du win💥st	winken	du winkst
es stin💥t	stinken	es stinkt
er len💥t	lenken	er lenkt

biegen –
biegt

erlauben –
erlaubt

erleben –
erlebt

fliegen –
fliegt

hängen –
hängt

schweben –
schwebt

wiegen –
wiegt

Verben
(Tunwörter)
setzt du zum
Verlängern in
die Grundform
oder Wir-Form.

3 b oder p? Was muss es sein? Die Verlängerung hilft dir.

	Grundform	also schreibst du:
sie erlau💥t	erlauben	sie erlaubt
sie schie💥t	schieben	sie schiebt
du pum💥st	pumpen	du pumpst
du hu💥st	hupen	du hupst
es le💥t	leben	es lebt
du schwe💥st	schweben	du schwebst
es stau💥t	stauben	es staubt
du lie💥st	lieben	du liebst
es kle💥t	kleben	es klebt

4 Diktattext. Wie willst du heute üben?
Umkreise: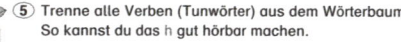
Die Diktatformen sind auf Seite 2 erklärt.

Die erste Fahrt in einem Heißluftballon testeten 1783 drei
Tiere. Sie überlebten. So war es bald auch Menschen
erlaubt über das Land zu schweben.
Auch ein Drachenflieger schwebt in der Luft. Ein Gestell
hängt unter dem Segel. Hier liegt der Pilot und lenkt.
Er fliegt mit den warmen Aufwinden, die von der Erde
nach oben steigen.
Wie lange bleibt er in der Luft? Das hängt vom Wind und
der Erfahrung des Piloten ab.
(73 Wörter)

36

Das kleine Reh
In der Nähe lebt ein kleines Reh im Wald. In den
Sommermonaten frisst es Gräser und Früchte.
Aber im Winter hat es Mühe satt zu werden.
Am Abend in der Dämmerung siehst du es häufig
am Waldrand stehen und nach Futter suchen.
Im Lichtschein kannst du seine glühenden Augen
sehen. Wenn du leise bist, kannst du ganz nah
hingehen und es beobachten. Aber was geschieht,
wenn es dich hört? Es dreht sich um und zieht sich
in den Wald zurück.
(83 Wörter)

1 Schreibe den Text ab.
Tipps zum Abschreiben findest du auf Seite 2.

2 Welche Wörter aus dem Wörterbaum findest du im
Text? Unterstreiche sie in deinem geschriebenen Text.

3 Was haben die unterstrichenen Wörter gemeinsam?

Alle haben ein h im Wort.

4 Fülle die Tabelle.

Grundform	Gegenwart	1. Vergangenheit
sehen	er sieht	er sah
glühen	es glüht	es glühte
blühen	es blüht	es blühte
drehen	du drehst	du drehtest
geschehen	es geschieht	es geschah

bestehen

drehen

fliehen

geschehen

glühen

nah

die Nähe

nähen

das Reh –
die Rehe

sehen

ziehen

5 Trenne alle Verben (Tunwörter) aus dem Wörterbaum.
So kannst du das h gut hörbar machen.

be-ste-hen	ge-sche-hen	se-hen
dre-hen	glü-hen	zie-hen
flie-hen	nä-hen	

6 Hier hat sich das h in den Wörtern versteckt. Aber wenn du
die Wörter verlängerst, kannst du es gut hören.

besteht –	bestehen	dreht –	drehen
flieht –	fliehen	geschieht –	geschehen
geht –	gehen	Geweih –	Geweihe
Reh –	Rehe	Floh –	Flöhe
Kuh –	Kühe	Schuh –	Schuhe
Zeh –	Zehe/Zehen	sprüht –	sprühen

7 Diktattext. Wie willst du heute üben?
Umkreise: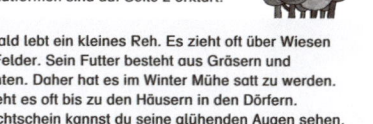
Die Diktatformen sind auf Seite 2 erklärt.

Im Wald lebt ein kleines Reh. Es zieht oft über Wiesen
und Felder. Sein Futter besteht aus Gräsern und
Früchten. Daher hat es im Winter Mühe satt zu werden.
Da geht es oft bis zu den Häusern in den Dörfern.
Im Lichtschein kannst du seine glühenden Augen sehen.
Wenn du leise bist, kannst du es ganz aus der Nähe
beobachten. Wenn es dich hört, dreht es sich um und
flieht in den Wald.
(73 Wörter)

38

Im Wald

Max und Susi sammeln Pilze. Im Schatten der
Bäume ist es angenehm kühl. „Unter den Tannen
finden wir bestimmt viele Pilze", meint Max. Sofort
rennen die beiden hin. Vorsichtig schneiden sie
die Stiele mit einem Messer ab. Bald haben es
geschafft. Ihre Körbe sind voll. Auf dem Heimweg
treffen sie den Förster. Er zeigt ihnen noch einige
Nusssträucher und sagt: „Wenn ihr an den
dünnen Stämmen schüttelt, dann fallen viele
Nüsse auf den Boden und eure Sammlung ist
komplett."

(82 Wörter)

① Male alle Wörter mit doppeltem Konsonanten
(Mitlaut) im Text grün an und schreibe die
Wörter in deinem Heft auf.

② Wird der Vokal (Selbstlaut) vor dem doppelten
Konsonanten kurz oder lang gesprochen?
Überprüfe und setze bei den Wörtern im Wörterbaum
das richtige Zeichen ein: ▬ oder ●.

Vor dem doppelten Konsonanten klingt der Vokal

kurz .

③ Finde Reimwörter.

Schatten	Stamm	rennen
R atten	K amm	k ennen
Tanne	schütteln	schwimmen
K anne	r ütteln	st immen

Wörterbaum: be'stimmt / die Nuss / rennen / sammeln / die Sammlung / schaffen / der Schatten / schütteln / der Stamm / stimmen / die Tanne

40

④ Setze die Verben (Tunwörter) in die 1. Vergangenheit.
Höre genau: Wird der Vokal lang (▬) oder kurz (●)
gesprochen?

> Achtung! Manchmal verwandelt
> sich der kurze Vokal in der
> Gegenwartsform in einen langen
> Vokal in der 1. Vergangenheit.

Gegenwart	1. Vergangenheit	
wir bestimmen	wir bestimmten	
ich renne	ich rannte	
sie sammeln	sie sammelten	
er schüttelt	er schüttelte	
wir treffen	wir trafen	(!)
er bittet	er bat	(!)
ich komme	ich kam	(!)

⑤ Setze die Silben richtig zusammen. Der Wörterbaum hilft dir.

Tan teln / sam fen / ren schüt ten / ne tref nen / meln be Schat / stimmt schaf

Tanne, sammeln,
rennen, schütteln,
treffen, Schatten,
bestimmt, schaffen

---

⑥ Schreibe den Text ab. Setze ihn
dabei in die Wir-Form.

In der Sportstunde treffen wir uns mit den
anderen Kindern im Schwimmbad. Aber die
Tür der Umkleidekabine ist noch nicht offen.
Endlich kommt der Lehrer mit dem Schlüssel.
Nur wenn wir vollständig geduscht sind, dürfen
wir in die Schwimmhalle. Auf dem Programm
steht heute ein Wettkampf. Dafür bekommen
wir Startnummern aus Stoff, die wir an unseren
Badehosen befestigen müssen. Dann fällt der
Startschuss. Wenn wir die Strecke in einer
bestimmten Zeit schaffen, bekommen wir einen
Schwimmpass.

(77 Wörter)

⑦ Kreuzworträtsel.
Finde das passende Wort vom Wörterbaum.

1 Zeichnung 3 basteln   5 Zahl   7 Ausweis
2 planschen 4 Fluss-Ursprung 6 ganz

```
      1 S k i z z e
    2 s c h w i m m e n
    3 h e r s t e l l e n
  4 Q u e l l e
    5 N u m m e r
6 v o l l s t ä n d i g
  7 P a s s
```

Lösungswort: _Schluss_

Wörterbaum: herstellen / die Nummer / offen / der Pass / das Programm / die Quelle / der Schlüssel / schwimmen / die Skizze / der Stoff / der Teller / treffen / vollständig

42

⑧ Schreibe die Verben (Tunwörter) in der richtigen Form in
die Tabelle. Achtung: Manchmal wird aus dem kurzen Vokal
(Selbstlaut) ein langer Vokal.

Grundform: schwimmen

	Gegenwart	1. Vergangenheit	2. Vergangenheit
ich	schwimme	schwamm	bin geschwommen
du	schwimmst	schwammst	bist geschwommen
er	schwimmt	schwamm	ist geschwommen
wir	schwimmen	schwammen	sind geschwommen
ihr	schwimmt	schwammt	seid geschwommen
sie	schwimmen	schwammen	sind geschwommen

Grundform: treffen

	Gegenwart	1. Vergangenheit	2. Vergangenheit
ich	treffe	traf	habe getroffen
du	triffst	trafst	hast getroffen
er	trifft	traf	hat getroffen
wir	treffen	trafen	haben getroffen
ihr	trefft	traft	habt getroffen
sie	treffen	trafen	haben getroffen

1 Bilde Sätze.
Denke an den Satzanfang und an das Satzende.

erzählen	ihren	Erlebnissen	Die

Freundinnen	von

Die Freundinen erzählen von
ihren Erlebnissen.

Im	Berg	sind	verborgen	Geheimnisse

Im Berg sind Geheimnisse verborgen.

die	nummerieren	Die	Hefte	Lehrerinnen

Die Lehrerinnen nummerieren
die Hefte.

Näherinnen	Hochzeitskleid	arbeiten

und	Tag	Nacht	dem	an

Näherinnen arbeiten Tag und Nacht
an dem Hochzeitskleid.

2 Schreibe die Sätze als Würfeldiktat.
Das Würfeldiktat ist auf Seite 2 erklärt.

⚀ Am Nachmittag treffen sich die Bäckerinnen.
⚁ Die Christinnen pilgern nach Altötting.
⚂ Die Woche war voll mit schönen Erlebnissen.
⚃ Die Geheimnisse der Freundinnen klingen
    interessant.
⚄ Die Verliererinnen müssen das Spiel aufräumen.
⚅ Die Lehrerinnen stehen auf dem Hof.

(Wörterbaum)
die Christinnen
die Freundinnen
die Geheimnisse
die Lehrerinnen
die Näherinnen
die Spaziergängerinnen
die Verliererinnen

3 Bilde die Mehrzahl und schreibe in Silben.

das Geheimnis
die Erlaubnis
das Erlebnis
die Spaziergängerin
die Ärztin
die Verliererin
die Freundin

> Die Nachsilbe -nis wird in der Mehrzahl immer zu -nisse und -in wird in der Mehrzahl immer zu -innen.

Ge-heim-nis-se, Er-laub-nis-se,
Er-leb-nis-se, Spa-zier-gän-ge-rin-nen,
Ärz-tin-nen, Ver-lie-re-rin-nen,
Freun-din-nen

4 Diktattext. Wie willst du heute üben?
Umkreise: ✏️ A𝒶 〰️ 👄 🏃 🎲
Die Diktatformen sind auf Seite 2 erklärt.

Im Schatten der Tannen suchen die Freundinnen nach
Pilzen. Die Kinder rennen hin und her und sammeln
eifrig. Bald sind die Körbe voll. Auf dem Heimweg
kommen die Mädchen an einer Quelle vorbei.
Hier lassen sie ein Papierschiffchen schwimmen.
Dann treffen sie den Förster. Mit einer Kreide schreibt er
Nummern auf alte Baumstämme.
Sie müssen bald gefällt werden. Zum Schluss schenkt
der Förster den fleißigen Sammlerinnen Nüsse. Daheim
berichten sie ihren Eltern von ihrem interessanten
Nachmittag.   (76 Wörter)

So ein Schreck!
Der Wecker klingelt. Fritz blickt aus dem Fenster.
„Spitzenwetter!", jubelt er, packt seine Schultasche
und wirft sie hinten auf sein Fahrrad. Gerade will
er losfahren, da entdeckt er am Wegrand eine
Schlange. Fritz nähert sich ihr Stück für Stück.
Plötzlich richtet sich das Tier auf und blickt ihm
direkt in die Augen. Fritz erschrickt fürchterlich und
hält die Hände schützend vor sein Gesicht.
„Jetzt aber nichts wie weg!", denkt er und flitzt mit
dem Fahrrad davon.   (79 Wörter)

(Wörterbaum)
blitzen
entdecken
erschrecken
die Hitze
packen
plötzlich
der Schreck
der Schutz
schützen
das Stück
der Wecker

1 Schreibe den Text ab.
Tipps zum Abschreiben findest du auf Seite 2. ☆

2 Kreise bei den Wörtern im Wörterbaum den Vokal
(Selbstlaut) oder Umlaut vor tz und ck ein.

3 Ergänze die Regel.

Vor einem tz und ck klingt der Vokal oder Umlaut
immer kurz.

4 Setze ein: tz oder z, ck oder k.

Brücke	schmutzig	backen	schwarz
Salz	Schwanz	glücklich	kratzen
Rakete	Bettlaken	Nikolaus	Lokomotive
Krokus	trocken	Punkt	plötzlich
besetzt	Päckchen	Paket	Wurzel
Herz	Spatz	Park	picken

> Weißt du noch?
> Nach l, n, r das merk' dir ja – kommt nie tz und nie ck!

5 Beim Trennen gingen einige Silben verloren. Ergänze die
Wörter. Der Wörterbaum hilft dir.

er- schre -cken   plötz -lich   ent-de- cken
blit- zen   pa- cken   We- cker   Hit -ze

6 Sprich die Wörter von Aufgabe 5 deutlich in Schreibsilben
getrennt. Was fällt dir bei der Trennung auf?

ck: ck wird nicht getrennt und kommt
    immer an den Anfang der folgenden Silbe.

tz: tz wird in der Mitte getrennt.

7 Setze Trennungsstriche ein.

Kat|ze	So|cke	Bä|cker	sit|zen	Spit|zer

er|schre|cken	schüt|zen	drü|cken	ent|wi|ckeln

8 Diktattext. Wie willst du heute üben?
Umkreise: ✏️ A𝒶 〰️ 👄 🏃 🎲
Die Diktatformen sind auf Seite 2 erklärt.

Mein Bruder ist blöd! Einmal versteckte er meinen
Wecker. Ich musste ihn tagelang suchen, bis ich
ihn im Schrank entdeckte. Gestern wollte ich mir
mein leckeres Schnitzel schmecken lassen, da kam
er plötzlich und erschreckte mich. Heute steckte eine
spitze Nadel in meinem Fahrradreifen. Da packte mich
die Wut. Ich ging zu meinen Eltern und verlangte:
„Ihr müsst mich ab jetzt vor diesem Kerl schützen!"
„Aber das mit dem Fahrrad war ich gar nicht!", sagte
mein Bruder unglücklich.   (78 Wörter)

Robins Nachmittag
Robin gießt Mutters Blumen. Das macht er besonders sorgfältig. Jede Pflanze bekommt das richtige Maß an Wasser und Dünger. Mutter freut sich über seinen Fleiß. Fröhlich beschließt Robin seinen Freund Tom zu besuchen. Schnell packt er ein paar Süßigkeiten ein und fährt mit seinem Fahrrad die Straße entlang. Tom spielt gerade draußen im Garten. Er schließt Robin das Tor auf. Da schießt Toms Hund Bello um die Ecke und begrüßt den Gast stürmisch.

(75 Wörter)

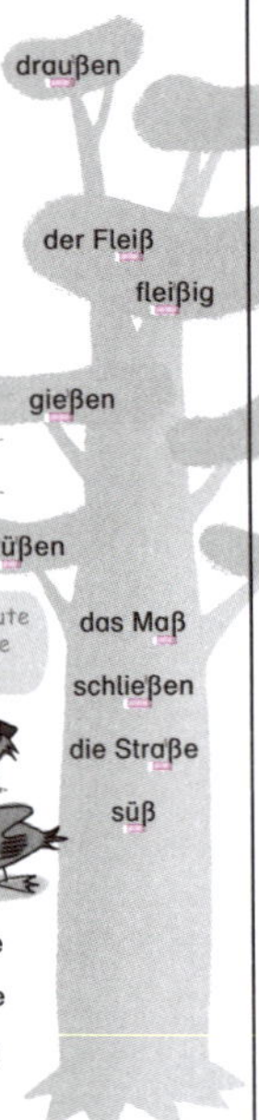

① Male alle Wörter mit ß im Text grün an und schreibe die Wörter.

gießt, Maß, Fleiß, beschließt,
Süßigkeiten, Straße,
draußen, schließt, schießt,
begrüßt

⚡② Überprüfe bei den Wörtern im Wörterbaum den Vokal (Selbstlaut) vor dem ß und setze das richtige Zeichen darunter (— oder ●).

Den Laut vor ß spreche ich ___lang___ .

③ Setze richtig ein: ss oder ß?
Begründe mit — oder ●.

wei ß	das Wa ss er	bei ß en	die Ta ss e
sü ß	flie ß en	schlie ß en	die Ka ss e
na ss	das Ma ß	der Gru ß	der E ss ig

Doppellaute sind lange Laute.

Wörterbaum:
draußen
der Fleiß
fleißig
gießen
grüßen
das Maß
schließen
die Straße
süß

④ Reime. Der Wörterbaum hilft dir.

fließen	weiß	büßen
schl ießen	Fleiß	grüßen
dreißig	saß	schießen
fleißig	Maß	gießen

⑤ Beuge die Verben (Tunwörter).

ich gieße	ich grüße	ich lasse
du gießt	du grüßt	du lässt
er gießt	er grüßt	er lässt
wir gießen	wir grüßen	wir lassen
ihr gießt	ihr grüßt	ihr lasst
sie gießen	sie grüßen	sie lassen

⑥ Kreuze an und übe die Fragesätze als Würfeldiktat. Das Würfeldiktat ist auf Seite 2 erklärt.

	ja	nein
Stinken bunte Blumensträuße?	☐	☒
Schmeckt Schokolade süß?	☒	☐
Gießt du täglich deine Bücher?	☐	☒
Gehen Fußgänger nur auf der Straße?	☐	☒
Sollen Kinder freundlich grüßen?	☒	☐
Fliegen im Sommer draußen fleißige Bienen?	☒	☐

kontrolliert: ☐

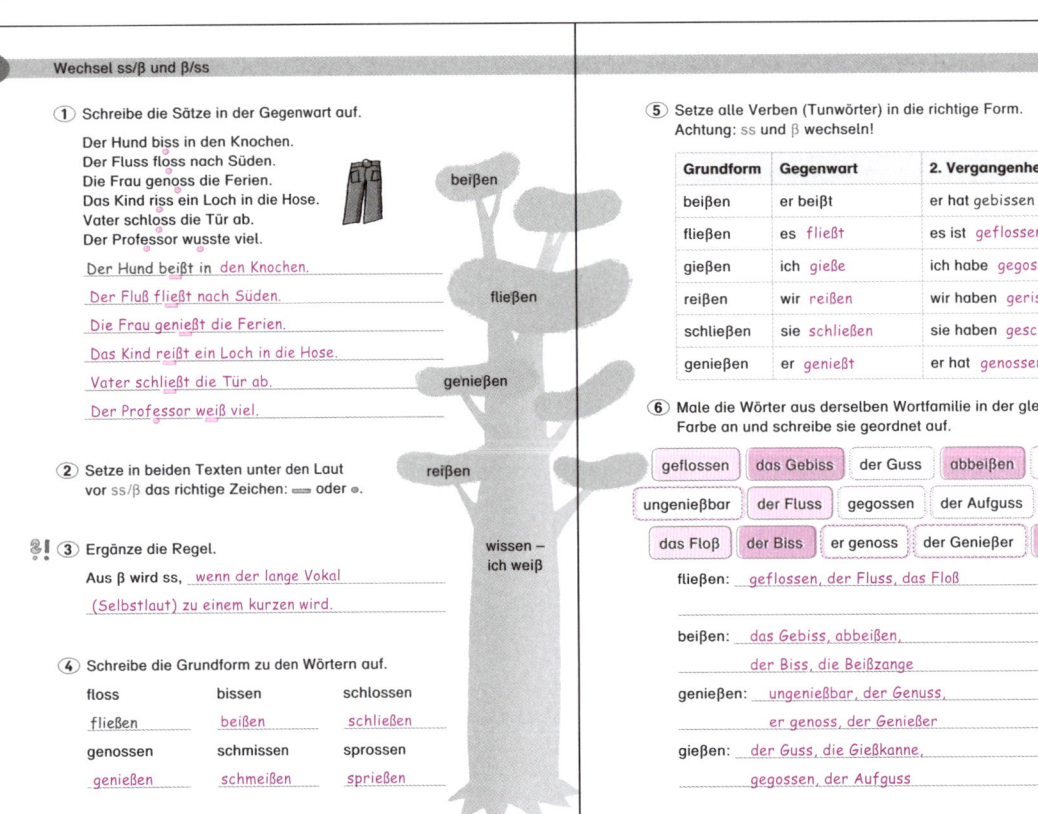

① Schreibe die Sätze in der Gegenwart auf.

Der Hund biss in den Knochen.
Der Fluss floss nach Süden.
Die Frau genoss die Ferien.
Das Kind riss ein Loch in die Hose.
Vater schloss die Tür ab.
Der Professor wusste viel.

Der Hund beißt in den Knochen.
Der Fluß fließt nach Süden.
Die Frau genießt die Ferien.
Das Kind reißt ein Loch in die Hose.
Vater schließt die Tür ab.
Der Professor weiß viel.

② Setze in beiden Texten unter den Laut vor ss/ß das richtige Zeichen: — oder ●.

⚡③ Ergänze die Regel.

Aus ß wird ss, wenn der lange Vokal
(Selbstlaut) zu einem kurzen wird.

④ Schreibe die Grundform zu den Wörtern auf.

floss	bissen	schlossen
fließen	beißen	schließen
genossen	schmissen	sprossen
genießen	schmeißen	sprießen

Wörterbaum:
beißen
fließen
genießen
reißen
wissen – ich weiß

⑤ Setze alle Verben (Tunwörter) in die richtige Form. Achtung: ss und ß wechseln!

Grundform	Gegenwart	2. Vergangenheit
beißen	er beißt	er hat gebissen
fließen	es fließt	es ist geflossen
gießen	ich gieße	ich habe gegossen
reißen	wir reißen	wir haben gerissen
schließen	sie schließen	sie haben geschlossen
genießen	er genießt	er hat genossen

⑥ Male die Wörter aus derselben Wortfamilie in der gleichen Farbe an und schreibe sie geordnet auf.

geflossen · das Gebiss · der Guss · abbeißen · die Gießkanne
ungenießbar · der Fluss · gegossen · der Aufguss · der Genuss
das Floß · der Biss · er genoss · der Genießer · die Beißzange

fließen: geflossen, der Fluss, das Floß 
beißen: das Gebiss, abbeißen,
        der Biss, die Beißzange 
genießen: ungenießbar, der Genuss,
        er genoss, der Genießer 
gießen: der Guss, die Gießkanne,
        gegossen, der Aufguss

kontrolliert: ☐

⑦ Welche Wörter gehören zusammen?
Verbinde und schreibe sie geordnet auf.

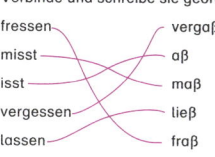

fressen — vergaß
misst — aß
isst — maß
vergessen — ließ
lassen — fraß

fressen - fraß, misst - maß,
isst - aß, vergessen - vergaß,
lassen - ließ

⑧ ss oder ß? Setze richtig ein.
Kontrolliere mit der Lösung und schreibe dann die
Sätze als Schleichdiktat.
Das Schleichdiktat ist auf Seite 2 erklärt.

Der Hund fra_ß_ viele Wei_ß_würste und

geno_ss_ sie sehr.

Die Frau verga_ß_ blo_ß_ die wei_ß_en Blumen

zu gie_ß_en.

Der Mann lie_ß_ seinen gro_ß_en Garten

verme_ss_en.

Der flei_ß_ige Junge lief barfu_ß_ über die

Stra_ß_e.

Schlie_ß_lich klemmte der Rei_ß_verschlu_ss_

und ri_ss_ entzwei. (39 Wörter)

essen –
ich aß

bloß

das Floß

fressen –
ich fraß

lassen –
ich ließ

messen –
ich maß

vergessen –
ich vergaß

⑨ Trenne und schreibe in Silben auf.

Stra-ße,
gie-ßen,
rei-ßen,
grü-ßen, flei-ßig, flie-ßen,
drau-ßen, bei-ßen

| Straße | gießen | reißen | grüßen |
| fleißig | fließen | draußen | beißen |

⑩ Kannst du die Geheimschrift lesen? Trage die Buchstaben ein.
Der Wörterbaum hilft dir.

f r a ß | l i e ß | m a ß

v e r g a ß | a ß | b l o ß

⑪ Diktattext. Wie willst du heute üben?
Umkreise: 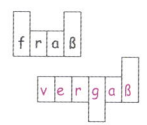, 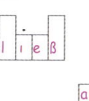, 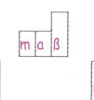, .
Die Diktatformen sind auf Seite 2 erklärt.

Luisa war fleißig. Am Nachmittag kehrte sie die Straße.
Dann fuhr sie zur großen Wiese und pflückte für ihre
Mutter einen Blumenstrauß. Daheim stellte sie die
Blumen in eine weiße Vase und goss Wasser hinein.
Schließlich beschloss Luisa ihre Freundin Tine zu
besuchen. Sie brachte Tine einige Süßigkeiten mit, für
Bello gab es einen Beißknochen.
Beide begrüßten Luisa freundlich.
Zusammen spielten die Kinder im Garten
und tranken süße Limonade.
Luisa kraulte Bellos Fell. Das genoss er sehr. (77 Wörter)

Silbentrennung

Der Schulhasen-Rap

In der drit-ten Klas-se sind wir nicht mehr klein,
   x   x

wir sind schon al-te Schul-ha-sen und schwin-gen uns jetzt ein:
  x   x   x   x

wir är-gern nicht, wir hän-seln nicht, wir schlie-ßen nie-mand aus,
   x   x   x   x

wir hau-en nicht, wir re-den nur und ler-nen da-bei draus.
   x   x   x   x

Wir wol-len, dass sich je-der hier bei uns wohl-füh-len kann:
   x   x   x   x

Je-der darf er sel-ber sein und kei-ner stört sich dran.
 x   x   x   x

(62 Wörter)

① Lies den Rap laut und klatsche beim Kreuzzeichen in die
Hände. Diese Silbe musst du beim Rappen betonen.

1. Trennungsregel:
Wir trennen nach
Sprechsilben.

② Hier findest du Wörter mit einer oder mit
mehreren Silben. Sprich deutlich und schwinge
mit. Streiche einsilbige Wörter durch.

Wind | windig | Haus | Fuchs | Biene
Häuser | rot | Silben | pfeifen

③ Schreibe folgende Wörter getrennt auf. Schwinge mit.

Musik | bleiben | parken | schließen | Häuser
Kirche | giftig | Dummheit

Mu-sik, blei-ben, par-ken, schlie-ßen,
Häu-ser, Kir-che, gif-tig, Dumm-heit

2. Trennungsregel:
Bei mehreren Kon-
sonanten (Mitlauten)
kommt der letzte
auf die neue Zeile,
z. B.: Strümp-fe

④ Trenne folgende Wörter mithilfe der
Trennungsregeln 1 und 2.

Impfung | Entwicklung | hungrig | hängen
schimpfen | Erwartung

Imp-fung, Ent-wick-lung,
hung-rig, hän-gen,
schimp-fen, Er-war-tung

3. Trennungsregel:
Einzelne Vokale
(Selbstlaute)
werden nicht
abgetrennt, z. B.
Amei-se.

⑤ Lies die dritte Regel und trenne die Wörter.

Radio | Ufer | Abend | Ampel | Ahorn
abenteuerlich | egal | abendlich | Elefanten

Ra-dio, Ufer, Abend,
Am-pel, Ahorn, aben-teu-er-lich
egal, abend-lich, Ele-fan-ten

⑥ Diese Wörter kannst du jetzt schon richtig trennen.
Schreibe dazu, an welche Trennungsregel du dabei denkst.

kratzte | winzig | aber | Empfindung
über | Fenster | September | Schnupfen

Schnup-fen (1, 2), kratz-te (1, 2), win-zig (1, 2),
aber (3), Emp-fin-dung (1, 2), über (3),
Fens-ter (1, 2), Sep-tem-ber (1, 2), Schnup-fen (1, 2)

Page 56

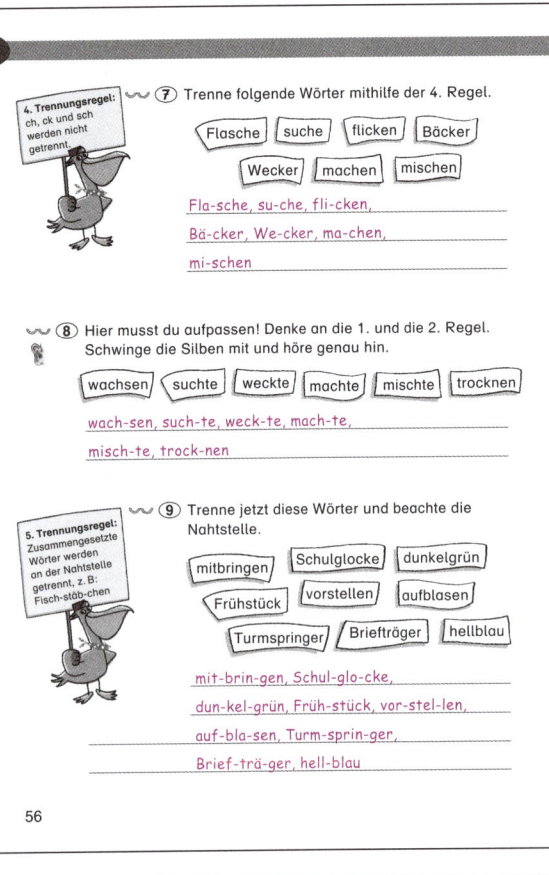

4. Trennungsregel:
ch, ck und sch werden nicht getrennt.

(7) Trenne folgende Wörter mithilfe der 4. Regel.

Flasche   suche   flicken   Bäcker

Wecker   machen   mischen

Fla-sche, su-che, fli-cken,
Bä-cker, We-cker, ma-chen,
mi-schen

(8) Hier musst du aufpassen! Denke an die 1. und die 2. Regel.
Schwinge die Silben mit und höre genau hin.

wachsen   suchte   weckte   machte   mischte   trocknen

wach-sen, such-te, weck-te, mach-te,
misch-te, trock-nen

5. Trennungsregel:
Zusammengesetzte Wörter werden an der Nahtstelle getrennt, z. B: Fisch-stäb-chen

(9) Trenne jetzt diese Wörter und beachte die Nahtstelle.

mitbringen   Schulglocke   dunkelgrün
Frühstück   vorstellen   aufblasen
Turmspringer   Briefträger   hellblau

mit-brin-gen, Schul-glo-cke,
dun-kel-grün, Früh-stück, vor-stel-len,
auf-bla-sen, Turm-sprin-ger,
Brief-trä-ger, hell-blau

56

Page 57

(10) In jeder Zeile sind zwei Wörter falsch getrennt.
Streiche sie durch und schreibe das Wort richtig getrennt auf.
Schreibe in die Klammer, welche Regeln missachtet oder angewendet wurden.

~~häng-en~~ (1, 2), trau-rig (1), ~~I-gel~~ (3)
~~witz-ig~~ (1, 2), grü-ßen (1), ~~Stüc-ke~~ (1, 4)
~~si-tzen~~ (1, 2), ~~Sam-mlung~~ (1, 2), tau-schen (1, 4)
~~Voll-kornb-rot~~ (1, 5), Ka-pi-tän (1), ~~Ü-bun-gen~~ (3)

hän-gen, Igel, wit-zig, Stü-cke,
sit-zen, Samm-lung, Voll-korn-brot,
Übun-gen

(11) Schreibe ein Silbendiktat. Du kannst dir den Text diktieren
lassen (,) und beim Schreiben die Silben trennen, in
Silben abschreiben ( ) oder ein Silben-Schleichdiktat ( )
schreiben.

Ach, was muss man oft von bö-sen Kin-dern hö-ren oder
le-sen!
Wie zum Bei-spiel hier von die-sen,
Wel-che Max und Mo-ritz hie-ßen.
– Men-schen ne-cken, Tie-re quä-len
Äp-fel, Bir-nen, Zwetsch-gen steh-len –
Das ist frei-lich an-ge-neh-mer
Und da-zu auch viel be-que-mer,
Als in Kir-che oder Schu-le
Fest-zu-sit-zen auf dem Stuh-le. –
– Aber we-he, we-he, we-he!
Wenn ich auf das En-de se-he! –
Ach, das war ein schlim-mes Ding,
Wie es Max und Mo-ritz ging.

Page 58

Ein aufregender Ausflug
Weil ich ein Diktat ohne Fehler geschrieben und
während der Woche im Haushalt geholfen habe,
durfte ich mir eine Belohnung aussuchen. Meine
Wahl war eine Fahrt mit der Bahn in die Berge.
Ich wollte mit meinen Eltern eine Höhle besuchen.
Am Samstag fuhren wir fröhlich los.
Doch in der Höhle verliefen wir uns fast in den
kühlen, dunklen Gängen. Zum Glück fand uns ein
Höhlenführer. Er mahnte: „Ehrlich, das war ganz
schön gefährlich!"
(76 Wörter)

die Bahn
ehrlich
erzählen
der Fehler
fröhlich
die Gefahr
die Höhle
kühlen
der Lohn
ohne
wählen
während

(1) Schreibe den Text ab.
Tipps zum Abschreiben findest du auf Seite 2.

(2) Markiere im Text alle stummen h (17) und
lies die Wörter laut.

(3) Ordne die Wörter aus dem Wörterbaum.

... hl ...: erzählen, Fehler, fröhlich,
Höhle, kühlen, wählen

... hr ...: ehrlich, Gefahr, während

... hn ...: Bahn, Lohn, ohne

58

Page 59

Sprich die Wörter laut!

(4) Finde in deinem Wörterbuch
weitere fünf Wörter, in denen
man das h nicht hört.

Zeige deine Lösung
einem Erwachsenen.

(5) Setze H/h in die Wörter ein. Schreibe alle stummen (h) rot, alle
hörbaren H/h grün.

fe (h) len   H ort   me (h) r   o (h) ne
dre h en   Hö (h) le   Za (h) l   Mü (h) le
wä (h) rend   fü (h) len   ge h en   Fa (h) rer
die Ru h e   ste h en   wä (h) len   ne (h) men

(6) Diktattext. Wie willst du heute üben?
Umkreise:
Die Diktatformen sind auf Seite 2 erklärt.

Unsere Klasse machte eine Bahnfahrt aufs Land.
Nach ungefähr fünf Minuten lehnte sich Stefan
fröhlich aus dem Fenster.
„Lass das bleiben!", schimpfte ich, „das ist gefährlich."
Als wir ankamen, gingen wir auf einen hohen Berg.
Ich brauchte eine Jacke, denn es war sehr kühl.
„Schaut mal, eine Höhle!", rief Stefan, während wir
wanderten.
„Ohne Höhlenführer gehen wir nicht hinein!", sagte die
Lehrerin. „Das brauche ich euch nicht zu erzählen: Wenn
wir uns verlaufen, sind wir ehrlich in Gefahr."
(78 Wörter)

So ein Lärm!

Mama mixt mit dem Mixer Früchte. Der Papagei im Käfig kreischt. Papa schaut im Fernsehen einen Boxkampf an. Er schreit so laut, dass seine Augen tränen. Ein Taxi hupt, ein Mädchen brüllt.
So ein Lärm!
Ich gehe zum See und rudere mit einem Boot zu einer Insel. Ich lege mich ins Moos und beobachte einen Käfer. Es ist schön ruhig.
Zu Hause übe ich spät am Abend noch ein bisschen Geige.
„So ein Lärm!", finden Mama und Papa. (81 Wörter)

① Finde die verwandten Wörter oder Wörter mit ähnlicher Bedeutung im Text.

boxen → Boxkampf
Schiff → Boot
mixen → Mixer
Träne → tränen
Gehege → Käfig
lärmen → Lärm

Weißt du, warum die Wörter mit ä im Wörterbaum Merkwörter sind? Sie haben keinen Verwandten mit a!

② Kannst du die Geheimschrift lesen? Trage passende Wörter vom Baum ein.

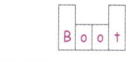
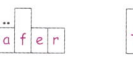

See   Boot   Mädchen
Käfer   Taxi

Wörterbaum:
das Boot
der Boxer
der Käfer
der Käfig
der Lärm
das Mädchen
der Mixer
das Moos
der See
spät
das Taxi
die Träne

60

---

③ Kreuzworträtsel.
Schreibe die Wörter vom Baum in Großbuchstaben in die passenden Felder.

---

4 Schreibe den Text als Schleichdiktat.
Das Schleichdiktat ist auf Seite 2 erklärt.

Der Biber trifft sich mit dem Tiger und dem Igel. „Heute gehen wir ins Kino", rufen sie vergnügt. Der Film heißt: Die Kaninchenbande.
„Ich will bei dir auf dem Schoß sitzen", sagt der Tiger im Kino zum Igel.
„Setze dich bitte neben mich", meint der Igel. „Ich kann sonst nichts sehen."
„Sitzt du auch neben mir?", fragt der Tiger den Biber. „Gerne", antwortet der Biber, „aber zuerst hole ich aus dieser Maschine hier noch mindestens ein Kilo Popcorn." (78 Wörter)

Wörterbaum:
der Biber
dir
der Igel
das Kilo
die Maschine
mir
der Tiger
wir

⑤ Du findest im Text von Aufgabe 4 ein zusammengesetztes Namenwort. Schreibe die beiden Namenwörter mit Begleiter auf.
Wie klingt das i? Lang (▬) oder kurz (●)?

das Kaninchen, die Bande

6 Welche Regel kennst du zum langen i?

Höre ich ein langes _i_ , schreibe ich oft _ie_ .

Es gibt aber Ausnahmen, z. B. _Tiger, Biber..._ .

⑦ Suche aus dem Text von Aufgabe 4 alle Wörter mit langem i/ie heraus und schreibe sie auf. Ordne sie nach ihrer Schreibweise mit ie und i.

ie: sie, die, dieser, hier

i: Biber, Tiger, Igel, wir, Kino,
     Kaninchenbande, dir, mir, Maschine, Kilo

Du hörst ein langes i, aber es wird nicht ie geschrieben. Diese Wörter musst du dir merken!

62

---

⑧ Es gibt viele Wörter mit der Endung -ine. Schreibe die Wörter mit Artikel (Begleiter) auf.

Pral   Term   Mandar   Viol   Blond
Turb   Masch   Kus   Kab   Gard   Ru   Law
Ros

die Praline, die Termine, die Mandarine,
die Violine, die Blondine, die Turbine,
die Kusine, die Kabine, die Lawine,
die Gardine, die Rosine, die Maschine,
die Ruine

ine

9 Diktattext. Wie willst du heute üben?
Umkreise:
Die Diktatformen sind auf Seite 2 erklärt.

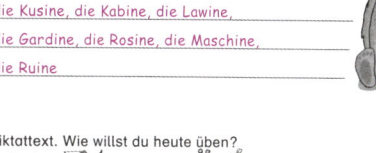

Am Montag fährt der Taxifahrer ein Mädchen zu einem Boxkampf.
Am Dienstag sitzt ein Tiger im Taxi und macht Lärm.
Am Mittwoch befördert der Taxifahrer eine Maschine, die Moos zupfen kann.
Am Donnerstag steigen zwei Igel ein. „Wir würden gerne mit dir einen Film über Biber im Kino sehen", sagen sie.
Am Freitag ist dem Taxifahrer so langweilig, fast kommen ihm die Tränen.
Am Samstag rudert er mit seinem Boot über den See.
Am Sonntag mixt er sich einen Fruchtsaft aus zwei Kilo Früchten. (84 Wörter)

In einer Zeile hat sich ein Kind bei der Aufzählung vertan. Findest du den Fehler?

Koffer packen

Olivia: „Ich packe in meinen Koffer: eine Zahnbürste."

Boris: „Ich packe in meinen Koffer: eine Zahnbürste und Zahnpasta."

Antea: „Ich packe in meinen Koffer: eine Zahnbürste, Zahnpasta und Sonnencreme."

Fabian: „Ich packe in meinen Koffer: eine Zahnbürste, Zahnpasta, Sonnencreme und eine Badehose."

Marie: „Ich packe in meinen Koffer: eine Zahnbürste, Zahnpasta, Sonnencreme, einen Badeanzug und hundert Unterhosen."

Collin: „Ich kaufe alles im Urlaub." (65 Wörter)

① Markiere die Kommas im Text rot.

② Kreuze an, was stimmt.

☒ Das Komma steht jeweils zwischen den aufgezählten Inhalten.
☐ Vor „und" und „oder" steht bei Aufzählungen ein Komma.
☒ Vor „und" und „oder" steht bei Aufzählungen kein Komma.

③ Ergänze fehlende Kommas, vergleiche mit der Lösung und schreibe den Text als Würfeldiktat.
Achtung: Bei einem Satz ist gar kein Komma nötig!
Das Würfeldiktat ist auf Seite 2 erklärt.

 Im Schrank liegen Hemden, Pullover und T-Shirts.

Soll ich Schokolade, Kekse oder Kuchen essen?

Im Teich schwimmen Enten, Schwäne und Gänse.

Mein Schal soll gelb und rot oder gelb und grün sein.

Welche Hunderasse magst du am liebsten? Dackel, Dalmatiner oder Doggen?

Ich kaufe gelbe Paprika, grünen Salat, rote Tomaten und Blaukohl.

kontrolliert: ☐

3 Verwandle die Wörter in Verben (Tunwörter) oder Nomen (Namenwörter). Markiere a, ä, au und äu gelb.

Päckchen → Verb: _____packen_____

scharf → Nomen: _____

Traum → Verb: _____

bauen → Nomen: _Ge_____

Nahrung → Verb: _____

Hang → Verb: _____

Wahl → Verb: _____

> Wenn du kein verwandtes Wort mit a/au findest, musst du e/eu einsetzen. Dieser Trick hilft dir bei der Rechtschreibung.

4 Setze ein: Ä/ä und äu oder E/e und eu. Schreibe das Wort auf, das dir hilft.

H_ä_nde   Mir hilft: Hand.

_E_cke   Es gibt kein verwandtes Wort mit A.

qu___len   Mir hilft: _____

___ngstlich   _____

W___lder   _____

___rztin   _____

D___tschland   _____

R___tsel   _____

W___cker   _____

Gew___chs   _____

f___cht   _____

N___he   _____

Kr___z   _____

5 Male die Verben (Tunwörter), die zusammengehören, in derselben Farbe an.
Aufgepasst! Ein paar Wörter haben keine Verwandten.

sie bäckt   du lässt   lassen   backen   du erklärtest

sie wuchs   sie hingen   wir nähten   er ändert

ich backte   er wächst   hängen   sie wählt

wir hängen   er ließ   wachsen

ändern – ändert

6 Schreibe die Verben von Aufgabe 5, die zusammengehören, richtig in die Tabelle.
Markiere dabei den Laut, der sich verändert.

backen – bäckt

hängen – hängt

Grundform	Gegenwart	1. Vergangenheit
backen	sie bäckt	ich backte
erklären	du erklärst	du erklärtest
	ich	wir
	er	ich
	sie	du

lassen – lässt

raten – rät

wachsen – wächst

7 Schreibe auch die übrig gebliebenen Wörter richtig in die Tabelle und fülle die leeren Felder.

34

8 Wortfamilie ändern. Streiche die Wörter durch, die nicht zur Wortfamilie gehören. Finde außerdem drei weitere Beispiele zur Wortfamilie.

Markiere zuerst den Wortstamm in allen Wörtern! Dann findest du die nicht verwandten Wörter ganz leicht.

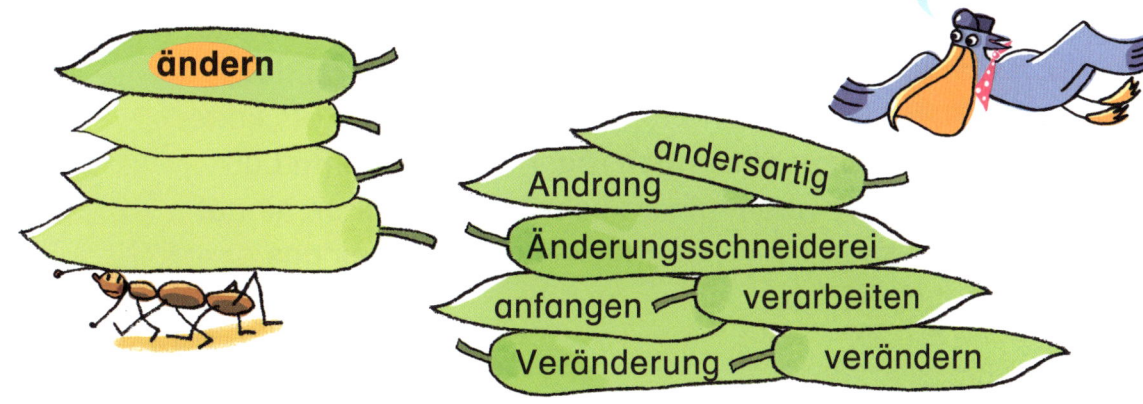

ändern

andersartig
Andrang
Änderungsschneiderei
anfangen
verarbeiten
Veränderung
verändern

9 Suche fünf Wörter zur Wortfamilie raten und kontrolliere mit dem Wörterbuch.

_____

_____

10 Diktattext. Wie willst du heute üben?
Umkreise: 🖊, Aa, ∿, 👄, 👫, 🧑.
Die Diktatformen sind auf Seite 2 erklärt.

Ich gehe mit meiner Freundin zum Bäcker ganz in der Nähe. In einem großen Gebäude hat er sein Geschäft. Er weckt schon am frühen Morgen die Leute mit dem Duft des Gebäcks. Heute habe ich feine Brötchen mit Rosinen entdeckt. Davon könnte ich mich immer ernähren. Ich zahle der Verkäuferin fünf Euro. Sie gibt mir mein Wechselgeld zurück. In Deutschland gibt es viele Sorten Brot. In anderen Ländern können sie davon nur träumen.

(73 Wörter)

Die Erfindung des Heißluftballons

An einem Tag im Jahre 1783 hängt eine Frau einen nassen, seidenen Unterrock über den heißen Ofen. Plötzlich wölbt er sich und schwebt gegen die Decke. Ihr Ehemann beobachtet das und erfindet den Heißluftballon. Ein Heißluftballon fliegt, weil heiße Luft weniger wiegt als kalte. Die kalte Luft sinkt nach unten und die heiße Luft steigt nach oben. Mit ihr schwebt der Ballon hinauf und man erlebt einen tollen Flug, wenn es das Wetter erlaubt.

(78 Wörter)

1 Schreibe den Text ab.
Tipps zum Abschreiben findest du auf Seite 2.

2 g oder k? Was muss es sein? Verlängere das Wort und markiere den Wortstamm.

	Grundform	also schreibst du:
du wie⭐st	wiegen	du wiegst
es wir⭐t		
du beu⭐st		
du zei⭐st		
es bewe⭐t		
es brin⭐t		
du win⭐st		
es stin⭐t		
er len⭐t		

bie·gen – biegt

er·lau·ben – er·laubt

er·le·ben – er·lebt

flie·gen – fliegt

hän·gen – hängt

schwe·ben – schwebt

wie·gen – wiegt

Verben (Tunwörter) setzt du zum Verlängern in die Grundform oder Wir-Form.

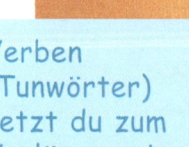

3 b oder p? Was muss es sein? Die Verlängerung hilft dir.

	Grundform	also schreibst du:
sie erlau☆t	erlauben	sie erlaubt
sie schie☆t		
du pum☆st		
du hu☆st		
es le☆t		
du schwe☆st		
es stau☆t		
du lie☆st		
es kle☆t		

4 Diktattext. Wie willst du heute üben?
Umkreise: ✎, 𝒜ɑ, ∿, 👄, 👫, 🧑.
Die Diktatformen sind auf Seite 2 erklärt.

Die erste Fahrt in einem Heißluftballon testeten 1783 drei
Tiere. Sie überlebten. So war es bald auch Menschen
erlaubt über das Land zu schweben.
Auch ein Drachenflieger schwebt in der Luft. Ein Gestell
hängt unter dem Segel. Hier liegt der Pilot und lenkt.
Er fliegt mit den warmen Aufwinden, die von der Erde
nach oben steigen.
Wie lange bleibt er in der Luft? Das hängt vom Wind und
der Erfahrung des Piloten ab.   (73 Wörter)

Das kleine Reh

In der Nähe lebt ein kleines Reh im Wald. In den
Sommermonaten frisst es Gräser und Früchte.
Aber im Winter hat es Mühe satt zu werden.
Am Abend in der Dämmerung siehst du es häufig
am Waldrand stehen und nach Futter suchen.
Im Lichtschein kannst du seine glühenden Augen
sehen. Wenn du leise bist, kannst du ganz nah
hingehen und es beobachten. Aber was geschieht,
wenn es dich hört? Es dreht sich um und zieht sich
in den Wald zurück.

(83 Wörter)

1 Schreibe den Text ab.
Tipps zum Abschreiben findest du auf Seite 2.

2 Welche Wörter aus dem Wörterbaum findest du im
Text? Unterstreiche sie in deinem geschriebenen Text.

 3 Was haben die unterstrichenen Wörter gemeinsam?

_____

4 Fülle die Tabelle.

Grundform	Gegenwart	1. Vergangenheit
sehen	er sieht	er sah
glühen	es	
blühen	es	
drehen	du	
geschehen	es	

bestehen

drehen

fliehen

geschehe

glühen

nah

die Nähe

nähen

das Reh –
die Rehe

sehen

ziehen

5 Trenne alle Verben (Tunwörter) aus dem Wörterbaum.
So kannst du das h gut hörbar machen.

be-ste-hen   _____   _____

_____   _____   _____

_____   _____

6 Hier hat sich das h in den Wörtern versteckt. Aber wenn du
die Wörter verlängerst, kannst du es gut hören.

besteht – bestehen _____   dreht – _____

flieht – _____   geschieht – _____

geht – _____   Geweih – _____

Reh – _____   Floh – _____

Kuh – _____   Schuh – _____

Zeh – _____   sprüht – _____

7 Diktattext. Wie willst du heute üben?
Umkreise:  .
Die Diktatformen sind auf Seite 2 erklärt.

> Im Wald lebt ein kleines Reh. Es zieht oft über Wiesen
> und Felder. Sein Futter besteht aus Gräsern und
> Früchten. Daher hat es im Winter Mühe satt zu werden.
> Da geht es oft bis zu den Häusern in den Dörfern.
> Im Lichtschein kannst du seine glühenden Augen sehen.
> Wenn du leise bist, kannst du es ganz aus der Nähe
> beobachten. Wenn es dich hört, dreht es sich um und
> flieht in den Wald.   (73 Wörter)

Im Wald

Max und Susi sammeln Pilze. Im Schatten der Bäume ist es angenehm kühl. „Unter den Tannen finden wir bestimmt viele Pilze", meint Max. Sofort rennen die beiden hin. Vorsichtig schneiden sie die Stiele mit einem Messer ab. Bald haben sie es geschafft. Ihre Körbe sind voll. Auf dem Heimweg treffen sie den Förster. Er zeigt ihnen noch einige Nusssträucher und sagt: „Wenn ihr an den dünnen Stämmen schüttelt, dann fallen viele Nüsse auf den Boden und eure Sammlung ist komplett."

(82 Wörter)

bestimmt

die Nuss

rennen

sammeln

die Sammlung

schaffen

der Schatten

schütteln

der Stamm

stimmen

die Tanne

 ① Male alle Wörter mit doppeltem Konsonanten (Mitlaut) im Text grün an und schreibe die Wörter in deinem Heft auf.

 ② Wird der Vokal (Selbstlaut) vor dem doppelten Konsonanten kurz oder lang gesprochen? Überprüfe und setze bei den Wörtern im Wörterbaum das richtige Zeichen ein: ▭ oder ●.

Vor dem doppelten Konsonanten klingt der Vokal

_____.

③ Finde Reimwörter.

Schatten	Stamm	rennen
R_____	K_____	k_____
Tanne	schütteln	schwimmen
K_____	r_____	st_____

4 Setze die Verben (Tunwörter) in die 1. Vergangenheit.
Höre genau: Wird der Vokal lang (▬) oder kurz (●)
gesprochen?

> Achtung! Manchmal verwandelt
> sich der kurze Vokal in der
> Gegenwartsform in einen langen
> Vokal in der 1. Vergangenheit.

Gegenwart	1. Vergangenheit	
wir bestimmen	wir bestimmten	
ich renne	ich	
sie sammeln	sie	
er schüttelt	er	
wir treffen	wir	(!)
er bittet	er	(!)
ich komme	ich	(!)

5 Setze die Silben richtig zusammen. Der Wörterbaum hilft dir.

Tan teln
sam fen fen
ren schüt ten
ne tref nen Schat
be
meln schaf
stimmt

_____

_____

_____

_____

_____

_____

6 Schreibe den Text ab. Setze ihn dabei in die Wir-Form.

In der Sportstunde treffe ich mich mit den anderen Kindern im Schwimmbad. Aber die Tür der Umkleidekabine ist noch nicht offen. Endlich kommt der Lehrer mit dem Schlüssel. Nur wenn ich vollständig geduscht bin, darf ich in die Schwimmhalle. Auf dem Programm steht heute ein Wettkampf. Dafür bekomme ich eine Startnummer aus Stoff, die ich an meiner Badehose befestigen muss. Dann fällt der Startschuss. Wenn ich die Strecke in einer bestimmten Zeit schaffe, bekomme ich einen Schwimmpass.

(77 Wörter)

7 Kreuzworträtsel.
Finde das passende Wort vom Wörterbaum.

1 Zeichnung   3 basteln   5 Zahl   7 Ausweis
2 planschen   4 Fluss-Ursprung   6 ganz

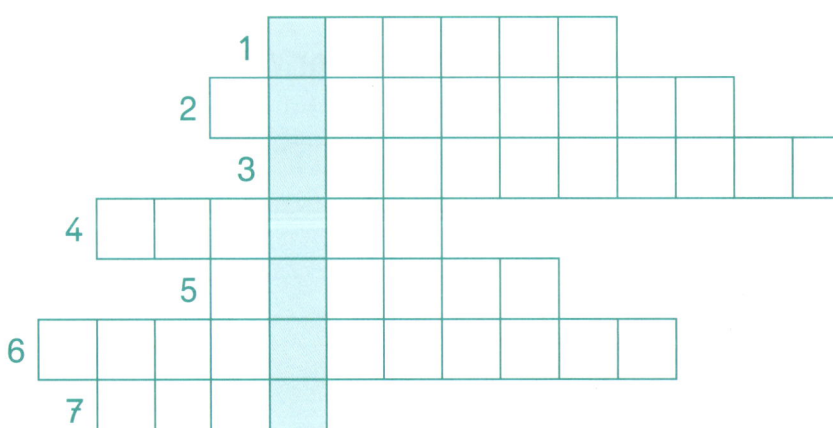

Lösungswort: _____

herstellen

die Nummer

offen

der Pass

das Program

die Quelle

der Schlüsse

schwimmen

die Skizze

der Stoff

der Teller

treffen

vollständig

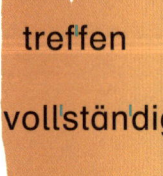

42

8 Schreibe die Verben (Tunwörter) in der richtigen Form in die Tabelle. Achtung: Manchmal wird aus dem kurzen Vokal (Selbstlaut) ein langer Vokal.

Grundform: schwimmen

	Gegenwart	1. Vergangenheit	2. Vergangenheit
ich	schwimme	schwamm	bin geschwommen
du			
er			
wir			
ihr			
sie			sind

Grundform: treffen

	Gegenwart	1. Vergangenheit	2. Vergangenheit
ich	treffe	traf	habe getroffen
du			
er			
wir			
ihr			
sie			haben

1 Bilde Sätze.
Denke an den Satzanfang und an das Satzende.

erzählen ihren Erlebnissen Die
Freundinnen von

_____

_____

Im Berg sind verborgen Geheimnisse

_____

die nummerieren Die Hefte Lehrerinnen

_____

_____

Näherinnen Hochzeitskleid arbeiten
und Tag Nacht dem an

_____

_____

die Christinnen

die Freundinnen

die Geheimnisse

die Lehrerinnen

die Näherinnen

die Spazier-
gängerinnen

die Verliererinnen

2 Schreibe die Sätze als Würfeldiktat.
Das Würfeldiktat ist auf Seite 2 erklärt.

Am Nachmittag treffen sich die Bäckerinnen.

Die Christinnen pilgern nach Altötting.

Die Woche war voll mit schönen Erlebnissen.

Die Geheimnisse der Freundinnen klingen
interessant.

Die Verliererinnen müssen das Spiel aufräumen.

Die Lehrerinnen stehen auf dem Hof.

(3) **Bilde die Mehrzahl und schreibe in Silben.**

das Geheimnis
die Erlaubnis
das Erlebnis
die Spaziergängerin
die Ärztin
die Verliererin
die Freundin

Die Nachsilbe **-nis** wird in der Mehrzahl immer zu **-nisse** und **-in** wird in der Mehrzahl immer zu **-innen**.

Ge-heim-nis-se,

---

4 Diktattext. Wie willst du heute üben?
Umkreise: 🖊, Aa, ‿, 👄, 👥, 🎓.
Die Diktatformen sind auf Seite 2 erklärt.

Im Schatten der Tannen suchen die Freundinnen nach
Pilzen. Die Kinder rennen hin und her und sammeln
eifrig. Bald sind die Körbe voll. Auf dem Heimweg
kommen die Mädchen an einer Quelle vorbei.
Hier lassen sie ein Papierschiffchen schwimmen.
Dann treffen sie den Förster. Mit einer Kreide schreibt er
Nummern auf alte Baumstämme.
Sie müssen bald gefällt werden. Zum Schluss schenkt
der Förster den fleißigen Sammlerinnen Nüsse. Daheim
berichten sie ihren Eltern von ihrem interessanten
Nachmittag.

(76 Wörter)

So ein Schreck!

Der Wecker klingelt. Fritz blickt aus dem Fenster. „Spitzenwetter!", jubelt er, packt seine Schultasche und wirft sie hinten auf sein Fahrrad. Gerade will er losfahren, da entdeckt er am Wegrand eine Schlange. Fritz nähert sich ihr Stück für Stück. Plötzlich richtet sich das Tier auf und blickt ihm direkt in die Augen. Fritz erschrickt fürchterlich und hält die Hände schützend vor sein Gesicht. „Jetzt aber nichts wie weg!", denkt er und flitzt mit dem Fahrrad davon.

(79 Wörter)

blitzen

entdecken

erschrecke

die Hitze

packen

plötzlich

der Schrec

der Schutz

schützen

das Stück

der Wecke

1 Schreibe den Text ab.
Tipps zum Abschreiben findest du auf Seite 2.

2 Kreise bei den Wörtern im Wörterbaum den Vokal (Selbstlaut) oder Umlaut vor tz und ck ein.

 3 Ergänze die Regel.

Vor einem tz und ck klingt der Vokal oder Umlaut

immer _____ .

4 Setze ein: tz oder z, ck oder k.

Brü___e	schmu___ig	ba___en	schwar___
Sal___	Schwan___	glü___lich	kra___en
Ra___ete	Bettla___en	Ni___olaus	Lo___omotive
Kro___us	tro___en	Pun___t	plö___lich
bese___t	Pä___chen	Pa___et	Wur___el
Her___	Spa___	Par___	pi___en

Weißt du noch? Nach l, n, r das merk' dir ja – kommt nie tz und nie ck!

5 Beim Trennen gingen einige Silben verloren. Ergänze die Wörter. Der Wörterbaum hilft dir.

er-_____-cken   _____-lich   ent-de-_____

blit-_____   pa-_____   We-_____   _____-ze

6 Sprich die Wörter von Aufgabe 5 deutlich in Schreibsilben getrennt. Was fällt dir bei der Trennung auf?

ck: _____

_____

tz: _____

7 Setze Trennungsstriche ein.

Ka|tze   So|cke   Bäcker   sitzen   Spitzer

erschrecken   schützen   drücken   entwickeln

8 Diktattext. Wie willst du heute üben?
Umkreise: ✏️, Aa, ⌣, 👄, 👫, 🧑.
Die Diktatformen sind auf Seite 2 erklärt.

Mein Bruder ist blöd! Einmal versteckte er meinen
Wecker. Ich musste ihn tagelang suchen, bis ich
ihn im Schrank entdeckte. Gestern wollte ich mir
mein leckeres Schnitzel schmecken lassen, da kam
er plötzlich und erschreckte mich. Heute steckte eine
spitze Nadel in meinem Fahrradreifen. Da packte mich
die Wut. Ich ging zu meinen Eltern und verlangte:
„Ihr müsst mich ab jetzt vor diesem Kerl schützen!"
„Aber das mit dem Fahrrad war ich gar nicht!", sagte
mein Bruder unglücklich.

(78 Wörter)

Robins Nachmittag

Robin gießt Mutters Blumen. Das macht er besonders sorgfältig. Jede Pflanze bekommt das richtige Maß an Wasser und Dünger. Mutter freut sich über seinen Fleiß. Fröhlich beschließt Robin seinen Freund Tom zu besuchen. Schnell packt er ein paar Süßigkeiten ein und fährt mit seinem Fahrrad die Straße entlang. Tom spielt gerade draußen im Garten. Er schließt Robin das Tor auf. Da schießt Toms Hund Bello um die Ecke und begrüßt den Gast stürmisch.

(75 Wörter)

draußen

der Fleiß

fleißig

1 Male alle Wörter mit ß im Text grün an und schreibe die Wörter.

_____

_____

_____

_____

gießen

grüßen

das Maß

schließen

die Straße

süß

Doppellaute sind lange Laute.

2 Überprüfe bei den Wörtern im Wörterbaum den Vokal (Selbstlaut) vor dem ß und setze das richtige Zeichen darunter (— oder •).

Den Laut vor ß spreche ich _____.

3 Setze richtig ein: ss oder ß?
Begründe mit — oder •.

wei ß	das Wa__er	bei__en	die Ta__e
sü__	flie__en	schlie__en	die Ka__e
na__	das Ma__	der Gru__	der E__ig

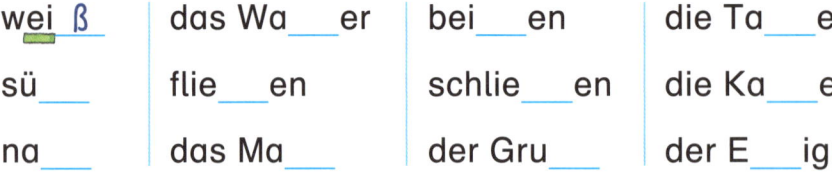

4 Reime. Der Wörterbaum hilft dir.

fließen	weiß	büßen
schl		
dreißig	saß	schießen

5 Beuge die Verben (Tunwörter).

ich gieße	ich grüße	ich lasse
du _____	du _____	du _____
er _____	er _____	er _____
wir _____	wir _____	wir _____
ihr _____	ihr _____	ihr _____
sie _____	sie _____	sie _____

6 Kreuze an und übe die Fragesätze als Würfeldiktat.
Das Würfeldiktat ist auf Seite 2 erklärt.

ja   nein

Stinken bunte Blumensträuße? ☐ ☐

Schmeckt Schokolade süß? ☐ ☐

Gießt du täglich deine Bücher? ☐ ☐

Gehen Fußgänger nur auf der Straße? ☐ ☐

Sollen Kinder freundlich grüßen? ☐ ☐

Fliegen im Sommer draußen fleißige Bienen? ☐ ☐

1 Schreibe die Sätze in der Gegenwart auf.

Der Hund biss in den Knochen.
Der Fluss floss nach Süden.
Die Frau genoss die Ferien.
Das Kind riss ein Loch in die Hose.
Vater schloss die Tür ab.
Der Professor wusste viel.

Der Hund beißt in

beißen

fließen

genießen

reißen

2 Setze in beiden Texten unter den Laut
vor ss/ß das richtige Zeichen: ▬ oder ●.

3 Ergänze die Regel.

Aus ß wird ss,

wissen –
ich weiß

4 Schreibe die Grundform zu den Wörtern auf.

floss	bissen	schlossen
fließen		
genossen	schmissen	sprossen

5 Setze alle Verben (Tunwörter) in die richtige Form.
Achtung: ss und ß wechseln!

Grundform	Gegenwart	2. Vergangenheit
beißen	er beißt	er hat gebissen
fließen	es	es ist
gießen	ich	ich habe
reißen	wir	wir haben
schließen	sie	sie haben
genießen	er	er hat

6 Male die Wörter aus derselben Wortfamilie in der gleichen
Farbe an und schreibe sie geordnet auf.

geflossen   das Gebiss   der Guss   abbeißen   die Gießkanne

ungenießbar   der Fluss   gegossen   der Aufguss   der Genuss

das Floß   der Biss   er genoss   der Genießer   die Beißzange

fließen: _____

_____

beißen: _____

_____

genießen: _____

_____

gießen: _____

_____

7 Welche Wörter gehören zusammen?
Verbinde und schreibe sie geordnet auf.

fressen	vergaß
misst	aß
isst	maß
vergessen	ließ
lassen	fraß

_____

_____

_____

8 ss oder ß? Setze richtig ein.
Kontrolliere mit der Lösung und schreibe dann die
Sätze als Schleichdiktat.
Das Schleichdiktat ist auf Seite 2 erklärt.

Der Hund fra___ viele Wei___würste und

geno___ sie sehr.

Die Frau verga___ blo___ die wei___en Blumen

zu gie___en.

Der Mann lie___ seinen gro___en Garten

verme___en.

Der flei___ige Junge lief barfu___ über die

Stra___e .

Schlie___lich klemmte der Rei___verschlu___

und ri___ entzwei.   (39 Wörter)

essen –
ich aß

bloß

das Floß

fressen –
ich fraß

lassen –
ich ließ

messen –
ich maß

vergessen
ich vergaß

9 Trenne und schreibe in Silben auf.

_____

_____

_____

> Straße gießen reißen grüßen
> fleißig fließen draußen beißen

_____

_____

10 Kannst du die Geheimschrift lesen? Trage die Buchstaben ein.
Der Wörterbaum hilft dir.

f r a ß

11 Diktattext. Wie willst du heute üben?
Umkreise: 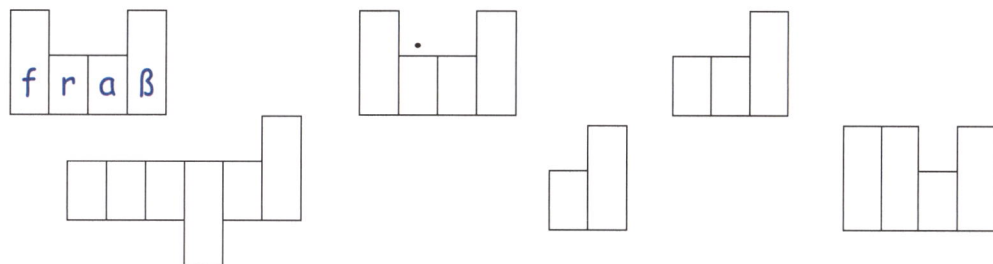.
Die Diktatformen sind auf Seite 2 erklärt.

> Luisa war fleißig. Am Nachmittag kehrte sie die Straße.
> Dann fuhr sie zur großen Wiese und pflückte für ihre
> Mutter einen Blumenstrauß. Daheim stellte sie die
> Blumen in eine weiße Vase und goss Wasser hinein.
> Schließlich beschloss Luisa ihre Freundin Tine zu
> besuchen. Sie brachte Tine einige Süßigkeiten mit, für
> Bello gab es einen Beißknochen.
> Beide begrüßten Luisa freundlich.
> Zusammen spielten die Kinder im Garten
> und tranken süße Limonade.
> Luisa kraulte Bellos Fell. Das genoss er sehr. (77 Wörter)

Der Schulhasen-Rap

In der drit-ten Klas-se sind wir nicht mehr klein,
x   x   x   x   x

wir sind schon al-te Schul-ha-sen und schwin-gen uns jetzt ein:
     x   x   x   x   x

wir är-gern nicht, wir hän-seln nicht, wir schlie-ßen nie-mand aus,
x   x   x   x   x

wir hau-en nicht, wir re-den nur und ler-nen da-bei draus.
    x   x   x   x   x

Wir wol-len, dass sich je-der hier bei uns wohl-füh-len kann:
    x   x   x   x   x

Je-der darf er sel-ber sein und kei-ner stört sich dran.
x   x   x   x   x   (62 Wörter)

① Lies den Rap laut und klatsche beim Kreuzzeichen in die Hände. Diese Silbe musst du beim Rappen betonen.

1. Trennungsregel: Wir trennen nach Sprechsilben.

② Hier findest du Wörter mit einer oder mit mehreren Silben. Sprich deutlich und schwinge mit. Streiche einsilbige Wörter durch.

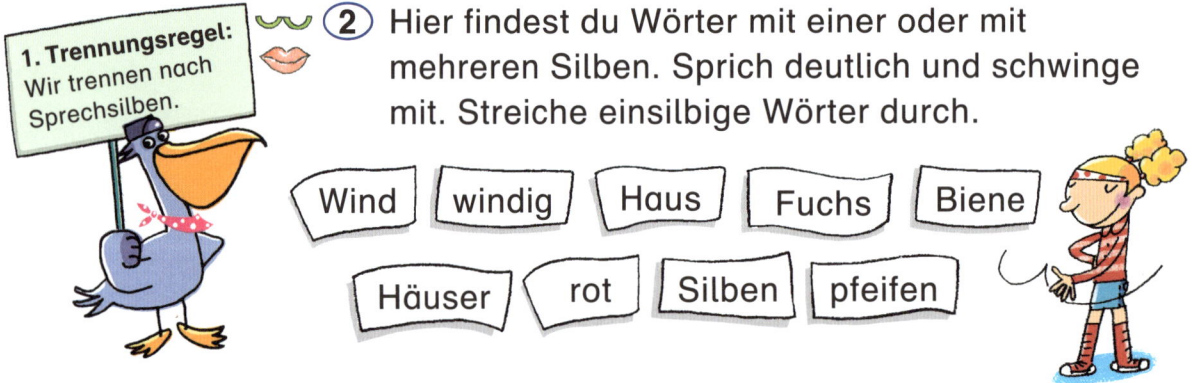

Wind | windig | Haus | Fuchs | Biene

Häuser | rot | Silben | pfeifen

③ Schreibe folgende Wörter getrennt auf. Schwinge mit.

Musik | bleiben | parken | schließen | Häuser

Kirche | giftig | Dummheit

_____

_____

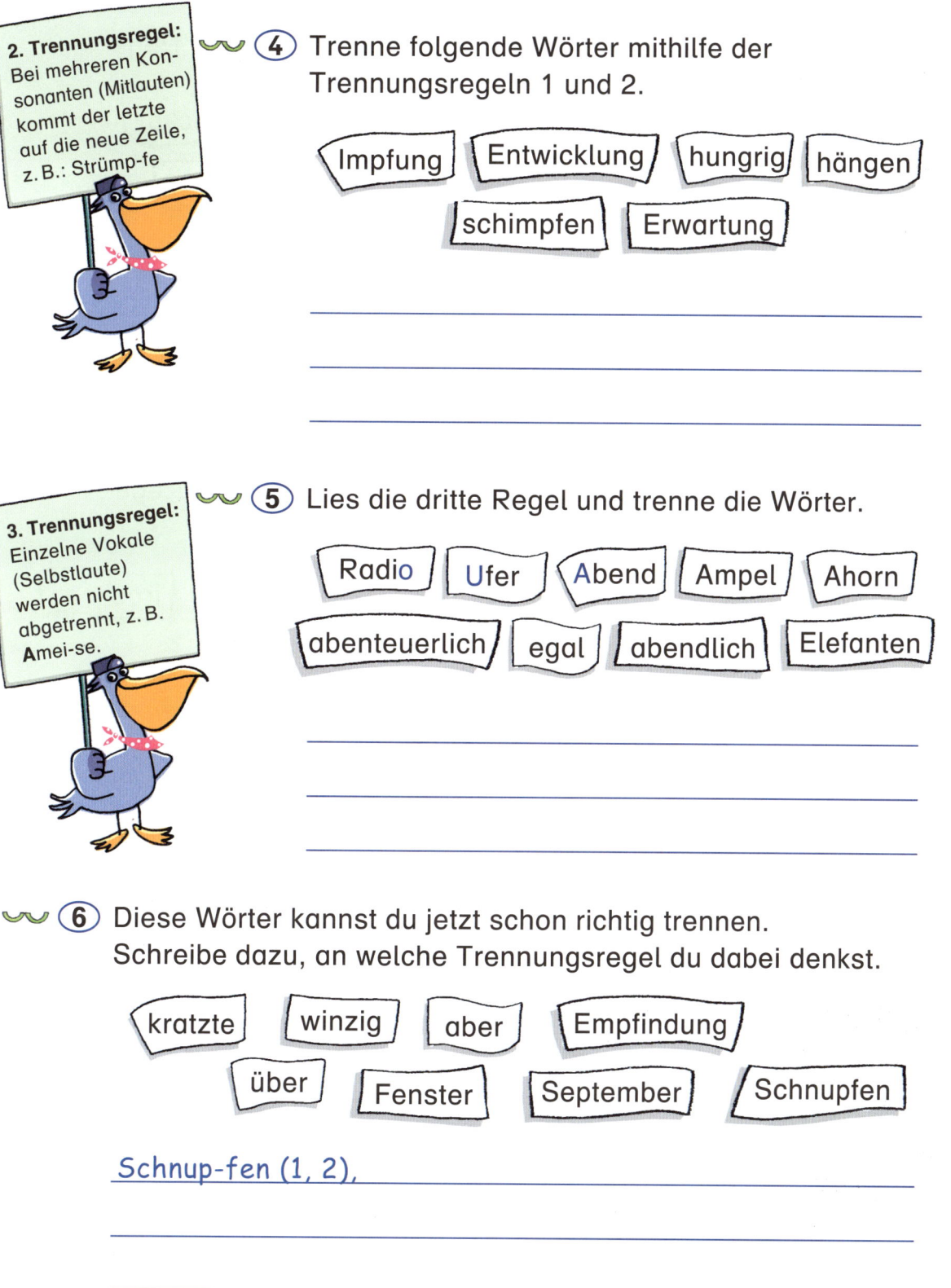

2. Trennungsregel:
Bei mehreren Konsonanten (Mitlauten) kommt der letzte auf die neue Zeile, z. B.: Strümp-fe

4 Trenne folgende Wörter mithilfe der Trennungsregeln 1 und 2.

Impfung   Entwicklung   hungrig   hängen

schimpfen   Erwartung

_____

_____

_____

3. Trennungsregel:
Einzelne Vokale (Selbstlaute) werden nicht abgetrennt, z. B. Amei-se.

5 Lies die dritte Regel und trenne die Wörter.

Radio   Ufer   Abend   Ampel   Ahorn

abenteuerlich   egal   abendlich   Elefanten

_____

_____

_____

6 Diese Wörter kannst du jetzt schon richtig trennen.
Schreibe dazu, an welche Trennungsregel du dabei denkst.

kratzte   winzig   aber   Empfindung

über   Fenster   September   Schnupfen

Schnup-fen (1, 2), _____

_____

_____

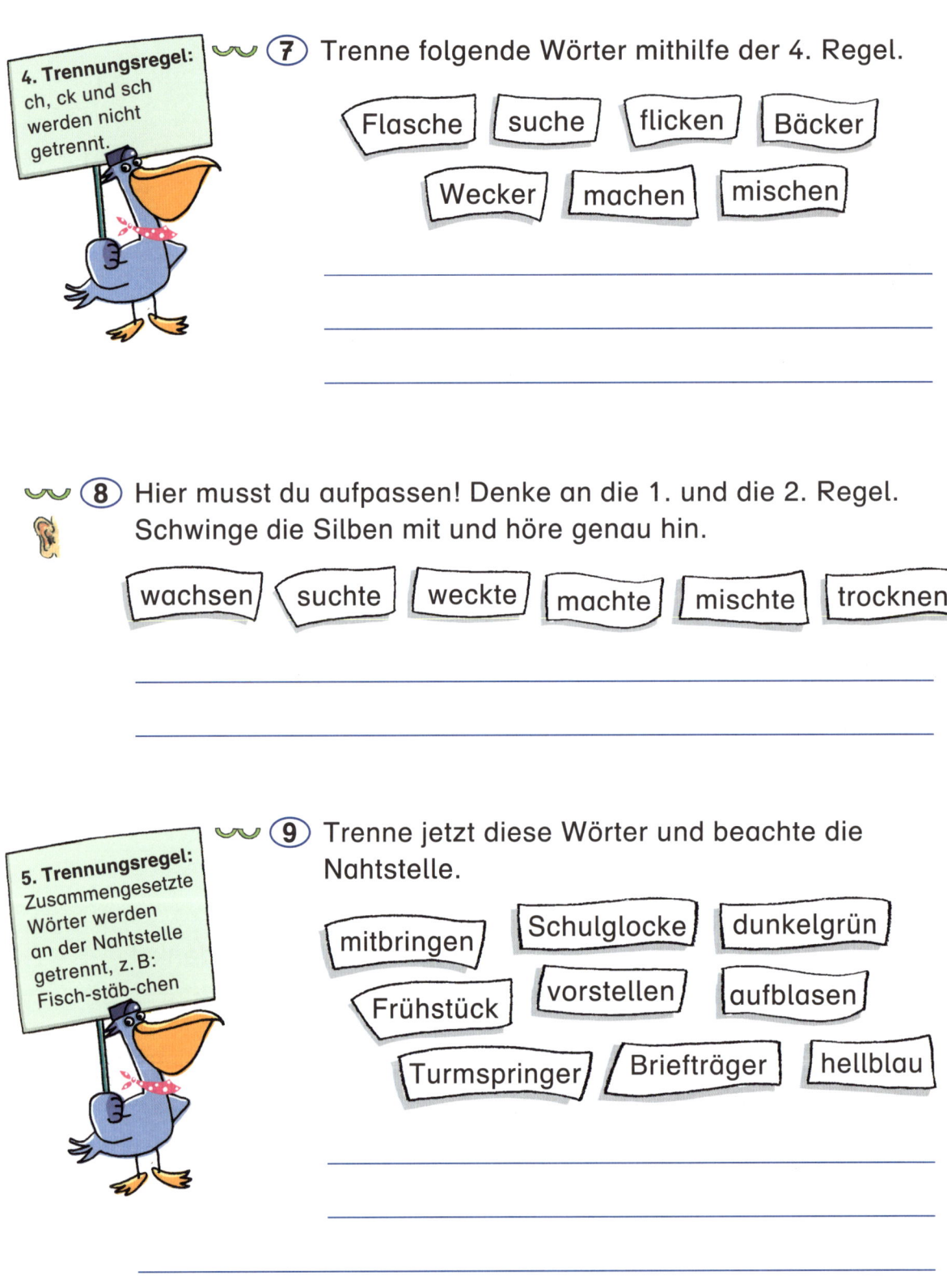

4. Trennungsregel:
ch, ck und sch werden nicht getrennt.

7 Trenne folgende Wörter mithilfe der 4. Regel.

Flasche   suche   flicken   Bäcker

Wecker   machen   mischen

_____

_____

_____

8 Hier musst du aufpassen! Denke an die 1. und die 2. Regel. Schwinge die Silben mit und höre genau hin.

wachsen   suchte   weckte   machte   mischte   trocknen

_____

_____

5. Trennungsregel:
Zusammengesetzte Wörter werden an der Nahtstelle getrennt, z. B: Fisch-stäb-chen

9 Trenne jetzt diese Wörter und beachte die Nahtstelle.

mitbringen   Schulglocke   dunkelgrün

Frühstück   vorstellen   aufblasen

Turmspringer   Briefträger   hellblau

_____

_____

_____

_____

56

?! **⑩** In jeder Zeile sind zwei Wörter falsch getrennt.
Streiche sie durch und schreibe das Wort richtig getrennt auf.
Schreibe in die Klammer, welche Regeln missachtet oder
angewendet wurden.

~~häng-en~~ (1, 2), trau-rig (1), ~~I-gel~~ (3)

witz-ig (_____), grü-ßen (_____), Stüc-ke (_____)

si-tzen (_____), Sam-mlung (_____), tau-schen (_____)

Voll-kornb-rot (_____), Ka-pi-tän (_____), Ü-bun-gen (_____)

_____

_____

_____

11 Schreibe ein Silbendiktat. Du kannst dir den Text diktieren
lassen (👄, 👥) und beim Schreiben die Silben trennen, in
Silben abschreiben (〰) oder ein Silben-Schleichdiktat (🚶)
schreiben.

> Ach, was muss man oft von bösen Kindern hören oder lesen!
> Wie zum Beispiel hier von diesen,
> Welche Max und Moritz hießen.
> – Menschen necken, Tiere quälen
> Äpfel, Birnen, Zwetschgen stehlen –
> Das ist freilich angenehmer
> Und dazu auch viel bequemer,
> Als in Kirche oder Schule
> Festzusitzen auf dem Stuhle. –
> – Aber wehe, wehe, wehe!
> Wenn ich auf das Ende sehe! –
> Ach, das war ein schlimmes Ding,
> Wie es Max und Moritz ging.
>
>
>
> (70 Wörter)
>
> gekürzt wiedergegeben aus: Wilhelm Busch: Max und Moritz. München: Braun & Schneider, 1865

kontrolliert: ☐   **57**

Ein aufregender Ausflug

Weil ich ein Diktat ohne Fehler geschrieben und während der Woche im Haushalt geholfen habe, durfte ich mir eine Belohnung aussuchen. Meine Wahl war eine Fahrt mit der Bahn in die Berge. Ich wollte mit meinen Eltern eine Höhle besuchen. Am Samstag fuhren wir fröhlich los. Doch in der Höhle verliefen wir uns fast in den kühlen, dunklen Gängen. Zum Glück fand uns ein Höhlenführer. Er mahnte: „Ehrlich, das war ganz schön gefährlich!"

(76 Wörter)

die Bahn

ehrlich

erzählen

der Fehler

 1 Schreibe den Text ab.
Tipps zum Abschreiben findest du auf Seite 2.

fröhlich

 2 Markiere im Text alle stummen h (17) und lies die Wörter laut.

die Gefahr

die Höhle

3 Ordne die Wörter aus dem Wörterbaum.

kühlen

... hl ...: _____

der Lohn

_____

ohne

_____

wählen

... hr ...: _____

während

_____

... hn ...: _____

_____

?! **④** Finde in deinem Wörterbuch weitere fünf Wörter, in denen man das h nicht hört.

Sprich die Wörter laut!

_____

_____

_____

⑤ Setze H/h in die Wörter ein. Schreibe alle stummen h rot, alle hörbaren H/h grün.

fe____len   ____ort   me____r   o____ne

dre____en   Hö____le   Za____l   Mü____le

wä____rend   fü____len   ge____en   Fa____rer

die Ru____e   ste____en   wä____len   ne____men

6 Diktattext. Wie willst du heute üben?
Umkreise: ✏, 𝒜𝒶, ◡◡, 👄, 👬, 🧑.
Die Diktatformen sind auf Seite 2 erklärt.

Unsere Klasse machte eine Bahnfahrt aufs Land.
Nach ungefähr fünf Minuten lehnte sich Stefan
fröhlich aus dem Fenster.
„Lass das bleiben!", schimpfte ich, „das ist gefährlich."
Als wir ankamen, gingen wir auf einen hohen Berg.
Ich brauchte eine Jacke, denn es war sehr kühl.
„Schaut mal, eine Höhle!", rief Stefan, während wir
wanderten.
„Ohne Höhlenführer gehen wir nicht hinein!", sagte die
Lehrerin. „Das brauche ich euch nicht zu erzählen: Wenn
wir uns verlaufen, sind wir ehrlich in Gefahr." (78 Wörter)

So ein Lärm!
Mama mixt mit dem Mixer Früchte. Der Papagei im
Käfig kreischt. Papa schaut im Fernsehen einen
Boxkampf an. Er schreit so laut, dass seine Augen
tränen. Ein Taxi hupt, ein Mädchen brüllt.
So ein Lärm!
Ich gehe zum See und rudere mit einem Boot
zu einer Insel. Ich lege mich ins Moos und
beobachte einen Käfer. Es ist schön ruhig.
Zu Hause übe ich spät am Abend noch ein bisschen
Geige.
„So ein Lärm!", finden Mama und Papa.   (81 Wörter)

① Finde die verwandten Wörter oder Wörter
   mit ähnlicher Bedeutung im Text.

boxen   →   _Boxkampf_

Schiff   →   _____

mixen   →   _____

Träne   →   _____

Gehege   →   _____

lärmen   →   _____

> Weißt du, warum
> die Wörter mit ä
> im Wörterbaum
> **Merkwörter** sind?
> Sie haben keinen
> Verwandten mit a!

das Boot

der Boxer

der Käfer

der Käfig

der Lärm

das Mädch

der Mixer

das Moos

der See

spät

das Tax

die Träne

② Kannst du die Geheimschrift lesen?
   Trage passende Wörter vom Baum ein.

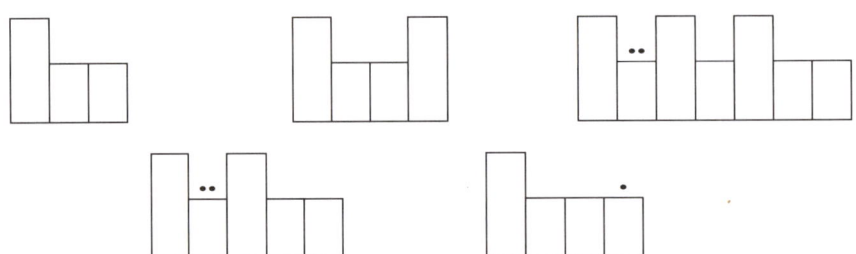

③ Kreuzworträtsel.
Schreibe die Wörter vom Baum in Großbuchstaben
in die passenden Felder.

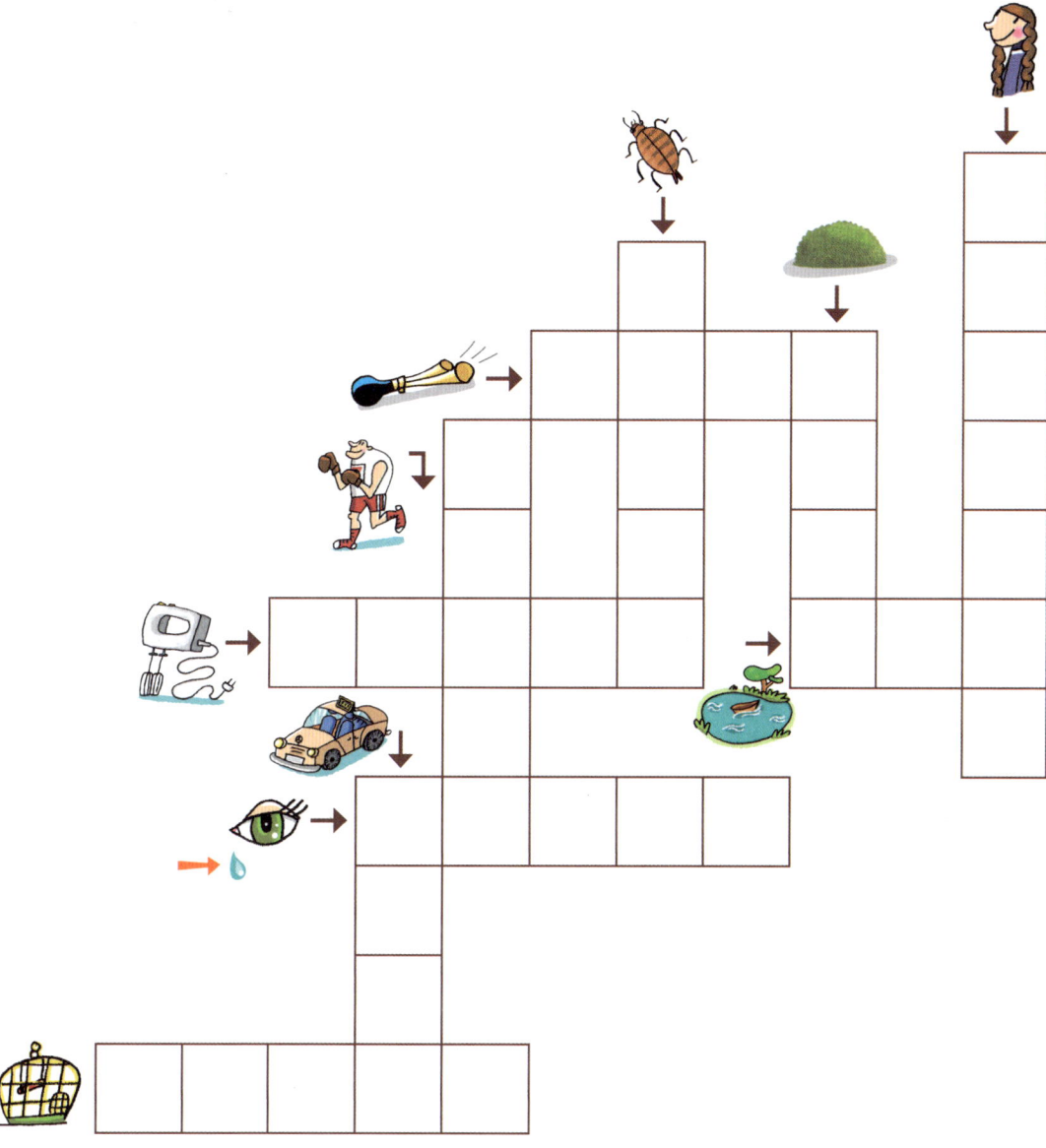

4 Schreibe den Text als Schleichdiktat.
Das Schleichdiktat ist auf Seite 2 erklärt.

Der Biber trifft sich mit dem Tiger und
dem Igel. „Heute gehen wir ins Kino", rufen sie
vergnügt. Der Film heißt: Die Kaninchenbande.
„Ich will bei dir auf dem Schoß sitzen", sagt der
Tiger im Kino zum Igel.
„Setze dich bitte neben mich", meint der Igel.
„Ich kann sonst nichts sehen."
„Sitzt du auch neben mir?", fragt der Tiger
den Biber. „Gerne", antwortet der Biber, „aber
zuerst hole ich aus dieser Maschine hier noch
mindestens ein Kilo Popcorn." (78 Wörter)

der Biber

dir

der Igel

das Ki°l

5 Du findest im Text von Aufgabe 4 ein zusammen-
gesetztes Namenwort. Schreibe die beiden
Namenwörter mit Begleiter auf.
Wie klingt das i? Lang (⚊) oder kurz (●)?

die Maschine

mir

_____

der Tiger

wir

6 Welche Regel kennst du zum langen i?

Höre ich ein langes ____, schreibe ich oft ____.

Es gibt aber Ausnahmen, z. B. _____.

> Du hörst ein
> langes i, aber
> es wird nicht
> ie geschrieben.
> Diese Wörter
> musst du dir
> merken!

7 Suche aus dem Text von Aufgabe 4 alle Wörter mit
langem i/ie heraus und schreibe sie auf. Ordne sie
nach ihrer Schreibweise mit ie und i.

ie: _____

i: _____

_____

8 Es gibt viele Wörter mit der Endung -ine. Schreibe die Wörter mit Artikel (Begleiter) auf.

Viol Blond
Mandar Kus
Pral Term Gard
Turb Masch Kab Law
Ros Ru

_____

_____

_____

_____

ine

9 Diktattext. Wie willst du heute üben?
Umkreise: , , , , , .
Die Diktatformen sind auf Seite 2 erklärt.

Am Montag fährt der Taxifahrer ein Mädchen zu einem Boxkampf.
Am Dienstag sitzt ein Tiger im Taxi und macht Lärm.
Am Mittwoch befördert der Taxifahrer eine Maschine, die Moos zupfen kann.
Am Donnerstag steigen zwei Igel ein. „Wir würden gerne mit dir einen Film über Biber im Kino sehen", sagen sie.
Am Freitag ist dem Taxifahrer so langweilig, fast kommen ihm die Tränen.
Am Samstag rudert er mit seinem Boot über den See.
Am Sonntag mixt er sich einen Fruchtsaft aus zwei Kilo Früchten.

(84 Wörter)

In einer Zeile hat sich ein Kind bei der Aufzählung vertan. Findest du den Fehler?

Koffer packen

Olivia: „Ich packe in meinen Koffer: eine Zahnbürste."

Boris: „Ich packe in meinen Koffer: eine Zahnbürste und Zahnpasta."

Antea: „Ich packe in meinen Koffer: eine Zahnbürste, Zahnpasta und Sonnencreme."

Fabian: „Ich packe in meinen Koffer: eine Zahnbürste, Zahnpasta, Sonnencreme und eine Badehose."

Marie: „Ich packe in meinen Koffer: eine Zahnbürste, Zahnpasta, Sonnencreme, einen Badeanzug und hundert Unterhosen."

Collin: „Ich kaufe alles im Urlaub."

(65 Wörter)

1 Markiere die Kommas im Text rot.

2 Kreuze an, was stimmt.

☐ Das Komma steht jeweils zwischen den aufgezählten Inhalten.
☐ Vor „und" und „oder" steht bei Aufzählungen ein Komma.
☐ Vor „und" und „oder" steht bei Aufzählungen kein Komma.

3 Ergänze fehlende Kommas, vergleiche mit der Lösung und schreibe den Text als Würfeldiktat.
Achtung: Bei einem Satz ist gar kein Komma nötig!
Das Würfeldiktat ist auf Seite 2 erklärt.

Im Schrank liegen Hemden Pullover und T-Shirts.
Soll ich Schokolade Kekse oder Kuchen essen?
Im Teich schwimmen Enten Schwäne und Gänse.
Mein Schal soll gelb und rot oder gelb und grün sein.
Welche Hunderasse magst du am liebsten? Dackel Dalmatiner oder Doggen?
Ich kaufe gelbe Paprika grünen Salat rote Tomaten und Blaukohl.

kontrolliert: ☐